Horst Haider Munske

—

Verteidigung der Sprache

Horst Haider Munske ist emeritierter Professor für Germanistische Sprachwissenschaft an der Universität Erlangen-Nürnberg. Geboren in Görlitz, Studium in Bonn, Berlin, Marburg, Lektor in Uppsala. Bücher zu Wortschatz und Orthographie, über Dialekte, germanische Sprachen, Friesisch. Publizistische Beiträge u.a. in FAZ und WELT.

Horst Haider Munske

Verteidigung der Sprache

Königshausen & Neumann

Bibliografische Information der Deutschen Nationalbibliothek

Die Deutsche Nationalbibliothek verzeichnet diese Publikation in der Deutschen Nationalbibliografie; detaillierte bibliografische Daten sind im Internet über http://dnb.d-nb.de abrufbar.

Gedruckt auf säurefreiem, alterungsbeständigem Papier
Umschlag: skh-softics / coverart
Umschlagabbildung: Elxeneize: Buchstaben und Zahlen © envato.com

Printed in Germany

ISBN 978-3-8260-9045-5
eISBN 978-3-8260-9046-2

www.koenigshausen-neumann.de
www.ebook.de
www.buchhandel.de
www.buchkatalog.de

Inhalt

Zukunft des Deutschen

Vorwort

‚Verteidigung der Sprache' – was heißt das? Gegen wen wird die Sprache verteidigt? Wer ist hier ein Angreifer? Ist Verteidigung überhaupt nötig? Sprache existiert doch in den Köpfen von Millionen Menschen, wird von Generation zu Generation weitergetragen, geschrieben, gedruckt, digital gespeichert. Das aber genügt nicht. Die Einheit und die traditionelle Gestalt des Deutschen werden von verschiedenen Seiten in Frage gestellt. Dagegen ist begründete Verteidigung nötig: als Widerstand gegen einen Angriff, gegen eine Verletzung, gleichsam militärisch, oder als Rechtfertigung gegen eine Anklage, gleichsam vor Gericht. Es geht um die Bewahrung der Muttersprache, ein Thema, das viele emotional anrührt. Darum sind die Debatten so heftig. Vor allem die Älteren in einer Sprachgemeinschaft sehen darin etwas in Gefahr, das ihr Leben geprägt hat. Am Beispiel der aktuellen Debatte ums Gendern ist gut zu sehen, worin Angriff und Anklage bestehen, und wie sie abgewiesen werden können. Die Anklagevertreter werfen der Sprache vor, sie bevorteile die Männer in einer Sprachgesellschaft, sie begünstige ein vor Jahrhunderten begründetes, in der Sprache geprägtes Patriachat. Der Kern dieser Prägung sei das Generische Maskulinum. Die Anklage verlangt, dies in allen seinen Verwendungen zu tilgen, vor allem in den Personenbezeichnungen auf *-er*. Das ist der Angriff auf die Sprache. Als Buße verlangen sie den Gender-Stern. Statt *die Bürger* soll es heißen *die Bürger*innen*. Nun wird die feminine Form (mit Suffix *-in)* für generisch erklärt. Das ist ein grober, systemwidriger Eingriff in die Sprache, erklären die Verteidiger der geltenden Norm. Sie wenden sich nicht nur gegen jedes ideologisch motivierte

Basteln an der Sprache, sie zeigen auch auf, welche nachteiligen Folgen für die Texte und die Anwender eintreten.

In ähnlicher Weise wurde die Kulturdebatte um die Rechtschreibreform geführt. Sprachdidaktiker und Schulminister verlangten neue, angeblich einfachere Regeln, um die Rechtschreibung leichter zu machen. Die Verteidiger, unter ihnen die meisten Sprachwissenschaftler und die Praktiker der Schriftkultur, warnten vor einer Beschädigung der Sprache. Sie plädierten für Erhalt der bewährten, historisch gewachsenen Schriftform. Die Reform wurde – wenn auch in abgespeckter Form – durchgeführt, den Schulen verordnet. Doch der versprochene Erfolg trat nicht ein, nur der Schaden an der Schreibnorm ist geblieben.

Ein Dauerthema in deutscher Sprachgeschichte ist die Fremdwortfrage. Schon das Wort *Fremdwort* ist Zeugnis der Debatte. Es wurde zu Beginn des 19. Jahrhunderts, in der Zeit nationaler Erhebung gegen die Herrschaft Napoleons auf deutschem Boden geprägt. Der Pädagoge Joachim Heinrich Campe schlug 1801 in seinem ‚Wörterbuch zur Erklärung und Verdeutschung der unserer Sprache aufgedrungenen fremden Ausdrücke' viele hundert Ersatzwörter vor. In ähnlicher, aber erfolgreicherer Weise kämpfte der Allgemeine deutsche Sprachverein, von der Reichsgründung 1871 beflügelt, gegen französische und lateinische Entlehnungen.

Hundert Jahre später wurde die flutartige Vermehrung von Anglizismen im Deutschen zum Thema. Dagegen hat sich ein neu gegründeter Sprachverein stark gemacht. Heute kämpft er gegen das Gendern. Auch hier geht es um Bewahrung gegen Neuerung.

Bei der jüngsten Sprachdebatte geht es um die Umbenennung von Eigennamen für Straßen, Apotheken, Firmen, Vereine.

Nur scheinbar ein Randgebiet. Darf man, muss man die Wortwahl vergangener Jahrhunderte aus heutiger Sicht in Frage stellen? Auch hier zögert die Sprachgemeinschaft, Vertrautes allzu schnell über Bord zu werfen.

Diesen Bereichen neuerer Kulturdebatten, dem Gendern (1), der Rechtschreibreform (2), dem Englischen im Deutschen (3) und unseren Namen (4) sind die ersten vier Kapitel gewidmet. Sie nehmen in aktualisierter Form meine Stellungnahmen aus FAZ und WELT auf. Die Probleme stecken aber oft im Detail. Darum sind diesen Beiträgen jeweils einige kurze Glossen angefügt, welche das Thema an exemplarischen Wörtern behandeln. Sie waren zuvor im Infobrief des Vereins Deutsche Sprache zu lesen.

Eingangs wurde die Frage aufgeworfen: Gegen wen wird die Sprache verteidigt? Wer ist hier ein Angreifer? Beide sind keine Fremden, keine Unbekannten – es sind Mitglieder derselben Sprachgesellschaft. Die Debatte ums Gendern, die Rechtschreibung, um Anglizismen und Straßennamen sind eine interne Auseinandersetzung. Hier wird Wandel beschworen und praktiziert, dort Bewahrung eingefordert. Hier wird Zeitgeist in sprachliches Handeln umgesetzt, dort zum Widerstand gegen Beschädigung oder Verdrängung der Muttersprache aufgerufen. Es sind Kulturdebatten, die über Jahrzehnte ausgefochten werden. Manche wurzeln tief in der Geschichte der Sprache, ihrer Emanzipation von dominierendem Latein oder Französisch, andere wie Gendern und die sogenannte Cancelculture sind jünger, kommen aus einer internationalen Bewegung. Auffällig ist, dass sich die Vertreter der politischen Parteien lange aus den Debatten herausgehalten haben. Politische Organe jedoch waren maßgeblich beteiligt am Fremdwortersatz im Kaiserreich und an der Rechtschreibreform von 1996. In der Genderfrage ist die Kultusministerkonferenz mit ihrem Rechtschreibrat gefragt.

Und über Namenänderungen müssen die Kommunen entscheiden.

Den vier Themen zur Verteidigung der Sprache ist ein letztes fünftes Kapitel angefügt, das teils die Lage des Deutschen und seiner Beschreibung, teils seine Zukunft betrifft. Ein weites unerschöpfliches Feld. Ich habe dazu auf einige meiner Besprechungen in Zeitungen und Zeitschriften zurückgegriffen. Sie geben meinen unmittelbaren Eindruck nach ausführlicher Lektüre wieder. Sie sind Referate, Stellungnahmen und auch Ergänzungen zum Thema. Diese Seiten können einen Einblick geben, welche Aufgaben in der Pflege einer großen Kultursprache zu bewältigen sind.

Wie liest man diese Schrift am besten? Jeder Text steht für einen Ausschnitt aus dem vielfältigen thematischen Spektrum, exemplarisch, nicht erschöpfend. Alle Texte können je für sich gelesen werden. Sie sollen informieren, wollen überzeugen und – bei aller Ernsthaftigkeit – Lesefreude bereiten.

Gendern

1.

Wo Gendern funktioniert – und wo es Unfug ist

Die Debatte um das Gendern ließe sich entkrampfen und entspannen, wenn einige Fehler bei der linguistischen Begründung vermieden würden. Dann könnte man sich auf das Machbare konzentrieren. Es geht um drei Punkte: als erstes um die Frage, was mit *Sprache* in der Debatte eigentlich gemeint ist, zweitens darum, wie sich Sprachwandel vollzieht, das heißt welche Bereiche überhaupt einer schnellen Veränderung zugänglich sind. Und schließlich um das komplexe Verhältnis von Sprache und Denken. Inwieweit ist das Denken durch die jeweilige Muttersprache geprägt? Lässt sich umgekehrt durch gezielte Veränderungen der Sprache auch das Denken, die Sichtweise ihrer Sprecher beeinflussen? Am Ende, das sei hier schon vorweggenommen, bleibt der Wunsch nach Gendern dennoch begründet. Die Gleichstellung von Frauen und Männern hat dazu geführt, überkommene Sprachmuster und Sprachpraktiken kritisch zu bewerten. Das geschieht in vielen Sprachgemeinschaften. Jede muss einen eigenen Weg der Besserung des Sprachverkehrs finden, ohne dass die Sprache Schaden nimmt.

Es geht beim Gendern immer um die Gleichstellung in der Sprache. Dabei wird das Wort *Sprache* umgangssprachlich, also recht vage gebraucht, wohingegen die neuere Linguistik einen wichtigen Unterschied macht zwischen der Sprache als Gesamtsystem und der konkreten Realisierung der Sprache. Diese Unterscheidung von *langue* und *parole* des Genfer Sprachwissenschaftlers Ferdinand de Saussure wurde grundlegend für die moderne Linguistik. Auch beim Gendern sind diese beiden Bedeutungen von Sprache zu beachten. Bei der Forderung nach ‚Geschlechtergerechtigkeit' kann es um zweierlei gehen: um die angemessene Verwendung der geltenden Sprachregeln in Wort und Schrift und um den Umbau des Sprachsystems selbst. Das eine kennen wir schon aus der Anrede „meine Damen und Herren". Dies wird adaptiert in Doppelbenennungen wie „Bürger und Bürgerinnen". Die Movierung von maskulinen Personenbezeichnungen mit dem Suffix *-in* ist das einfachste Mittel, der Forderung nach Geschlechtergerechtigkeit nachzukommen. Das hat sich in kurzer Zeit allgemein durchgesetzt, von der *Beamtin* bis zur *Bundeskanzlerin*.

Viel weitergehend ist die Forderung, das Sprachsystem selbst umzugestalten. Hier ist das Generische Maskulinum bei Personenbezeichnungen der Hauptfeind aller Feministinnen. Der Stein des Anstoßes ist die doppelte Lesart z.B. des Wortes *Mieter*, einerseits in der Bedeutung ‚jemand, der etwas gemietet hat', also geschlechtsübergreifend, andererseits als ‚männliche Person, die etwas gemietet hat'. Jahrhundertelang war dies unproblematisch. Doch die heutige Sensibilität hinsichtlich sprachlicher Gleichbehandlung führt zur Ablehnung des Generischen Maskulinum. Eine ehemalige Schülerin, jetzt Professorin, erklärt dies in einem Interview. Beim Bücherausleihen aus der Seminarbibliothek musste man ein Leihkärtchen ausfüllen. Auf dem stand *Entleiher*. Sie schreibt: „das hat uns aufgeregt". Inzwischen wissen wir mehr über das Generische Maskulinum, das tief im System der grammatischen Kategorien verwurzelt ist. Generischer Gebrauch findet sich z.B. auch in den Kategorien Tempus und Numerus. Die Präsensform bezieht sich einerseits auf die Gegenwart (*das Auto quietscht)*, kann aber auch zeit-unspezifisch, d.h. generisch verwendet werden (*die Erde ist rund*). Die Singularform bezieht sich auf die Einzahl (*die Katze ist krank*), kann aber auch generisch, also ohne Zahlbezug gebraucht werden (*die Katze ist ein beliebtes Haustier).* Dies ist ein ökonomisches Verfahren der doppelten Nutzung einer grammatischen Kategorie. Das gilt im Deutschen auch bei Pronomina: *jeder ist seines Glückes Schmied.* Das maskuline Pronomen *jeder* wird hier geschlechtsübergreifend gebraucht. Kurz gesagt: die doppelte Lesart grammatischer Kategorien ist ein Grundzug unserer Grammatik, dessen Entstehung weit in die Früh- und Vorgeschichte des Deutschen zurückreicht. Es ist kein Verfahren, das irgendwie mit patriarchalischer Sichtweise zu tun hat.

Zur Korrektur des Generischen Maskulinum sind zahlreiche Vorschläge gemacht worden, von der Kreierung neuer Pronomina bis zur Einführung des Gendersterns, z.B. in der Pluralform *Bürger*innen* oder *BürgerInnen.* Systemwidrig ist hier zweierlei: die Aufwertung einer femininen Form zu einer geschlechtsübergreifenden, quasi die Erfindung eines Generischen Femininum, eine Art polemische Erwiderung gegen das Generische Maskulinum; und zweitens die Einführung des Sternchens oder des großen I in die Binnenstruktur eines Wortes. Das soll wohl heißen: Obacht, mit der femininen Form sind auch Männer mitgemeint. Ein anderes Problem entsteht, wenn der Zwang, weibliche und männliche Bewerber in einer Anzeige anzusprechen, dazu führt, auch die passenden Pronomina zu doppeln. So wird in der Zeitschrift ‚Forschung & Lehre' mit folgenden Worten der Preis des Hochschulverbandes ausgelobt:

„Zum Vorschlag gehören der Name der/des Vorgeschlagenen, die Hochschule, die/der sie/er angehört, eine Begründung des Vorschlags, die das Verdienst der/des Vorgeschlagenen skizziert, sowie ggf. aussagekräftige Unterlagen über die Leistung der/des Vorgeschlagenen."

Es gehört zum Kern deutscher Grammatik, dass Pronomina und Artikel mit dem Bezugswort kongruieren, das heißt hier, dass die Personalpronomen *er* und *sie* bzw. der Artikel in Genus, Kasus und Numerus mit dem Bezugswort übereinstimmen. Das führt in diesem Text wie in unzähligen Anzeigen zu unlesbaren umständlichen Konstruktionen. Das ist grammatisch richtig, aber kommunikativer Unsinn. Es gilt also beim Gendern zu unterscheiden zwischen Vorschlägen, welche die Grammatik verändern oder zu grotesken, unaussprechbaren Texten führen, und solchen, die mit den vorhandenen Mitteln der Lexik und der Wortbildung zu bewältigen sind.

Der zweite Einwand richtet sich gegen pauschale Behauptungen in vielen Gender-Empfehlungen, die Sprache sei ja immer im Wandel, deshalb seien gezielte Eingriffe ganz normal. Dabei ist jedoch zu beachten, was sich in einer Sprache schnell wandeln kann und was über viele Jahrhunderte stabil bleibt. Hier besteht ein grundlegender Unterschied zwischen dem Wortschatz einer Sprache und der Grammatik. So können wir noch heute die Bibelübersetzung von Martin Luther gut lesen, da sich die Grundzüge der Grammatik seit dem 16. Jahrhundert kaum verändert haben. Das betrifft die Flexion von Substantiven, Adjektiven, Pronomina und Verben, die Satzgestaltung und weitgehend auch die Wortbildung. Die Texte unserer Klassiker, die vor über 200 Jahren verfasst wurden, entsprechen weitestgehend noch heutigem Sprachgebrauch.

Ein besonders auffälliges Beispiel für die Stabilität einer Kultursprache bzw. die Langsamkeit ihres Wandels ist das Tempussystem der starken und der schwachen Verben. Die germanischen Sprachen kennen zwei Arten, die Vergangenheitsformen zu bilden: durch den Ablaut des Stammvokals wie in *springen/sprang/gesprungen* oder durch Anfügung eines *t*-Suffixes wie in *bauen/baute/gebaut.* Die ersteren nannte Jacob Grimm in seiner wegweisenden Deutschen Grammatik ‚starke' Verben, weil sie – wie er es in seiner blumigen Sprache sagte – den Präteritalstamm „aus eigener Kraft" bilden konnten, während die schwachen Verben dazu ein zusätzliches Suffix benötigten. Die starke Flexion ist die ältere, sie verlor schon in althochdeutscher Zeit ihre Produktivität – das Lehnwort *schreiben* aus lateinisch *scribere* ist die jüngste Bildung dieses Typs. Sämtliche Neubildungen wurden seitdem mit dem zweiten, dem jüngeren Typ germanischer Verbflexion gebildet. Ältere Deutsche sagen vielleicht noch *buk,* jüngere *backte*; im 19. Jahrhundert *boll* der Hund, der heute nur *bellte.* Immerhin sind heute noch 160 starke Verben gebräuchlich, obwohl dies Bildungsmuster seit über 1000 Jahren nicht mehr produktiv ist. Das Beispiel zeigt zweierlei: einerseits wie langsam eine sprachliche Innovation eine ältere Regel ersetzt und zweitens, dass beide Typen über Jahrhunderte nebeneinander existieren. Sprachwandel geht nicht nur im Schneckentempo voran, er vollzieht sich in einem langen Nebeneinander, wobei ein Typ den anderen nur in vielen Generationenschritten ersetzt.

Ganz anders ist die Lage beim Wortschatz. Dies ist der volatile Teil der Sprache, der schnellem Wandel zugänglich ist. Das zeigen etwa die vielen aktuellen Entlehnungen aus dem Bereich der Corona-Pandemie oder der Praxis der Digitalisierung. Durch neue Wortbildungen und neue Bedeutungen (z. Beispiel *Maus* am Rechner) kann der Wortschatz schnell erweitert und den Ausdrucksbedürfnissen einer Sprachgemeinschaft angepasst werden. Wenn also vom leichten Wandel der Sprache die Rede ist, kann sich dies nur auf den Wortschatz beziehen.

Komplexer ist der dritte Punkt, das Verhältnis von Sprache und Denken, mit dem sich Philosophen und Sprachwissenschaftler seit Jahrhunderten befassen. In Begründungen zum Gendern wird oft pauschal behauptet, die Sprache bestimme das Denken. Wenn man die Sprache korrigiere, könne man das Denken in bessere Bahnen lenken, kurz: die Welt verbessern. Diese Überlegungen basieren auf Beobachtungen zu Eingeborenensprachen, die schon Wilhelm von Humboldt interessierten und aus denen amerikanische Linguisten die kühne Hypothese ableiteten, sprachliche Strukturen determinierten das Denken der betreffenden Sprachteilnehmer. Dies wurde erstmals am Beispiel der Sprache der Hopi-Indianer diskutiert. Inzwischen sind solche Annahmen widerlegt. Es gibt keinen determinierenden Einfluss der Grammatik einer Sprache auf das Denken ihrer Sprecher. Die Menschheit müsste sich ja sonst entsprechend der Verschiedenheit der Sprachfamilien unterscheiden. Der Kern der These ist hingegen plausibel, wenn man nicht die Grammatik sondern den Wortschatz, den beweglichen Teil der Sprache in den Mittelpunkt der Betrachtung stellt.

Fassen wir diese drei Kritikpunkte kurz zusammen: Immer geht es um die zwei Säulen der Sprache: den Wortschatz und die Grammatik. Im Verständnis des Wortes *Sprache,* hinsichtlich der Wandelbarkeit der Sprache und des Verhältnisses von Sprache und Denken. Die Grammatik ist der stabile Teil der Sprache, der Kern des Sprachsystems, das sich nur sehr langsam wandelt, das von aktuellen Befindlichkeiten, Wünschen und Zielen einer Sprachgemeinschaft unabhängig ist. Alle Versuche, die Grammatik ‚geschlechtergerecht' zu machen, stoßen deshalb auf heftigen Widerstand in der Sprachgemeinschaft, weil sie dem Grundprinzip grammatischer Kontinuität widersprechen. Wenn solche Regeln amtlich, per Gesetz oder Dekret eingeführt würden, zum Beispiel in der Sprache der Behörden, dann bedroht dies die Einheit der deutschen Sprache. Denn die Mehrheit der Sprachbenutzer lässt sich ihre Alltagssprache nicht nehmen, von Schriftstellern und Journalisten ganz zu schweigen.

Wo ist der Ausweg aus dem Konflikt zwischen gendergerechtem Sprachverhalten und der Bewahrung von Kontinuität und Einheit des Deutschen? Nur zwei Punkte: Die Grammatik ist nicht das Spielfeld für sprachliche Innovationen. Dies führt in die Spaltung von geschriebener und gesprochener Sprache, es führt zur Abkehr aus der Tradition unserer Literatursprache. Dies spüren all jene, die sich intuitiv vom Gendern abwenden. Es geht hier um die Wertschätzung der Muttersprache. Benachbarte Nationen können hier Vorbild sein.

Die Linguistik ist nicht per se Gegner der Geschlechtersensibilität, sie hat die Aufgabe, aufzuklären und Wege des Möglichen aufzuzeigen. Sie soll auch die Folgen von empfohlenen Änderungen für die Sprachpraxis und die Spracheinheit abwägen. Davon ist in bisherigen Gender-Empfehlungen wenig zu spüren. Wir befinden uns seit einiger Zeit in einer Phase des Testens. Was ist praktikabel, was hilfreich, was geht nicht? Jeder hat das Recht sich zu entscheiden. Mir fiel auf, dass Alice Schwarzer in ihrem Buch ‚Lebenswerk' bei Personenbezeichnungen im Plural auf das große I ausweicht: *LeserInnen.* Anderen Firlefanz vermeidet sie. So erfordern verschiedene Texte auch verschiedene Lösungen. Hauptziel muss es sein, alle systemgerechten Mittel, die Varianten des Wortschatzes und der stilistischen Vielfalt zu nutzen. Im übrigen gilt, was Hans Zehetmair, ehemaliger bayerischer Kultusminister und Vorsitzender des Rechtschreibrates in Erinnerung an die Rechtschreibreform festhielt: „Nie wieder eine politisch verordnete Reform!"

2.

Das radikale Konzept des grünen Genderdeutsch

Die Partei Bündnis 90/Die Grünen hat ein Wahlprogramm für die Bundestagswahl 2021 veröffentlicht – ideenreich, voller konkreter Vorschläge, eine Summe ihrer bisherigen Anträge. Alles natürlich unter der Devise „das wollen wir", „das werden wir tun, wenn wir an der Macht sind" – ein Programm eben. Doch in einem Punkt gehen sie über die guten Absichten hinaus, in einem Punkt verwirklichen sie bereits ein zentrales Projekt: die Reform der deutschen Sprache nach feministischen Vorstellungen. Es geht um das Gendern, den Umbau aller maskulinen Personenbezeichnungen in feminine Formen mit Genderstern. Die Verfechter dieser Wünsche nennen es ‚geschlechtergerechte Sprache'. Und sie halten in allen ihren Texten eisern daran fest, als könne eine Partei die Sprache ändern. Der Genderstern ist ihr ideologisches Markenzeichen. In vielen sogenannten ‚Empfehlungen' für Schulen, Universitäten, Behörden wird seitdem versucht, der irritierten Sprachgemeinschaft gendersensibles Schreiben und Sprechen nahezubringen. Bei den meisten Deutschen schwankt die Stimmung zwischen Verwundern und Kopfschütteln, zwischen Empörung und Entsetzen. Gendern ist auch zum Faschingsthema geworden. In jüngster Zeit haben auch die Oppositionsparteien begonnen, Stellung zu nehmen.

Die Grünen versuchen, Fakten zu schaffen. Das gesamte 110-seitige Wahlprogramm ist gegendert, und zwar nach einem radikalen Konzept, das weder mit der geltenden Rechtschreibung des Deutschen noch mit wesentlichen Regeln der

Grammatik übereinstimmt. Der Rat für deutsche Rechtschreibung, in dem alle deutschsprachigen Ländern vertreten sind, hat seine Zustimmung zu solch weitreichenden Plänen verweigert. Man kann es kühn nennen, was die Grünen hier unternehmen. Ein Luftballon, ein Test auf die Toleranz der Sprachgemeinschaft? Man sollte das nicht unterschätzen. Es ist die praktizierte Vorstufe eines Sprachdiktats. Dazu Textproben:

> „Die Wärmewende muss mit wirksamem *Mieter*innenschutz* und gezielter Förderung einhergehen. Wir wollen mit dem sogenannten Drittelmodell die Kosten für klimafreundliche Modernisierungen fair zwischen *Vermieter*innen*, Staat und *Mieter*innen* verteilen, sodass sie für alle bezahlbar und für die *Vermieter*innen* angemessen wirtschaftlich werden." (S. 10)
> „Viele niedergelassene *Ärzt*innen*, Hebammen, *Heilmittelerbringer*innen* und andere medizinische Fachkräfte arbeiten jeden Tag hart daran diese Versorgung zu ermöglichen. (...) Wir wollen Primärversorgung durch *Hausärzt*innen...*" (S. 49).
> „*Menschenrechtsverteidiger*innen* sind *Held*innen*" (S. 99)

Nicht selten kumulieren sich die gegenderten Personenbezeichnungen, zum Beispiel *Bäuer*innen* und *Lebensmittelhersteller*innen*, *Junglandwirt*innen* und *Neueinsteiger*innen*, *Gründer*innen* und *Nachfolger*innen*, *Nachbar*innen* und *Freund*innen*, *Mieter*innenberatung* und *Schuldner*innenberatung*, *Bürger*innen und Akteur*innen*, *Wissenschaftler*innen*, *Künstler*innen* und *Forscher*innen*, *Schüler*innen* und *Bildungslots*innen*, *Schulsozialabeiter*innen*, *Erzieher*innen* und *Schulpsycholog*innen*.

Man erkennt das System: alle maskulinen Personenbezeichnungen werden gegendert. In Wahlprogramm der Grünen geschieht dies weit über 300-mal. Betroffen sind über 100

Grundwörter. Am häufigsten begegnen die *Ärzt*innen, Akteur*innen, Bäuer*innen, Bürger*innen, Lehrer*innen, Mieter*innen, Schüler*innen* und *Verbraucher*innen.* Aber auch seltene Lexeme entgehen dem Gendern nicht, so die *Endkund*innen, Existenzgründer*innen, Geringverdiener*innen, Impulsgeber*innen, Kindersoldat*innen, Manager*innen, Neueinsteiger*innen, Senior*innen, Sportschütz*innen, Tarifpartner*innen, Zuverdiener*innen.* Zumeist handelt es sich um Wörter auf *-er*, den Prototyp des Generischen Maskulinums. Aber auch Entlehnungen werden erfasst wie *Soldat, Experte, Psychologe, Patient, Polizist.* Es entsteht der Eindruck, dass sie alle aus dem deutschen Wortschatz verdrängt werden sollen. Heißt der *Soldat* künftig immer die *Soldat*in*, der Arzt die *Ärzt*in*? Der Text meidet Personenbezeichnungen im Singular. Auch die *Muslim*innen* und *Imam*innen* werden nicht vergessen. Mit dem letzteren reformieren die Grünen das System des Islam. Fürs Deutsche müsste man von den *Kaplan*innen*, sprechen, den katholischen wohlgemerkt, und hätte gleich die seit Luther überfällige Reform des römischen Priester-Zölibats bewältigt. Nur Juden und Christen werden nicht gegendert. Da ist überraschend von *Jüdinnen* und *Juden* die Rede, von *Judenhass* und *Judenfeindlichkeit. Christen* kommen garnicht vor. Es müssten ja *Christ*innen* sein.

Eine sprachwissenschaftliche Analyse erkennt zwei Typen der gendermäßigen Umgestaltung: den Typ *Bürger*in* (aus *Bürger*) und den Typ *Bürger*innenbeteiligung* bzw. *Bürger*innennähe.* Im ersten Fall ersetzt die feminine Form (mit *in*-Suffix) die maskuline. Der Genderstern soll andeuten, dass keine ausschließlich weibliche Person gemeint ist, wie es das Movierungssuffix bestimmt. Quasi eine gewaltsame Umkehrung des Generischen Maskulinums in ein Generisches Femininum. Endlich Gerechtigkeit! Bisher kannten wir das nur bei Tieren. Generisch feminin sind zum Beispiel *die Katze, die Ente, die Kröte, die Ameise, die Giraffe.* Bei Personen gab es das bisher nicht. Anscheinend soll es künftig im Deutschen keine *Soldaten, Bürger, Ärzte, Polizisten, Kunden, Europäer* mehr geben, nur noch *Soldat*innen, Bürger*innen, Ärzt*innen, Polizist*innen, Kund*innen* und *Europäer*innen.* Immerhin sind diese Wörter schon vorhanden, nur eben in anderer Bedeutung, eben nur für weibliche Personen.

Ein anderer Fall sind die Zusammensetzungen mit gegenderten Bestimmungswörtern. Das ist linguistisches Neuland. Denn im Kompositum ist das Genus der Substantive neutralisiert. In der Regel stehen hier nur Grundwörter. Beim *Ärtzekongress* sind alle dabei, die den *Arztberuf* ausüben. Hier wird eben nicht nach Frau oder Mann gefragt. Mit diesen unzähligen, regelwidrigen Umbauten verlassen die Grünen das System der deutschen Grammatik.

Zum Pflichtpensum des Genderns gehört der Kampf gegen das Indefinitpronomen *jeder.* Auch hier kann der Genderstern helfen. Das zeigt die folgende Formulierung: *jede*r siebte Europäer*in* (S. 90). Auch die leidige Kongruenz lässt sich so bewältigen: *ein*e Nachfolger*in* (S. 49).

Ich hatte meine Recherche mit dem vorläufigen Wahlprogramm begonnen, das alsbald durch das lektorierte endgültige ersetzt wurde. Damals hieß es im Vorspann noch *Liebe Wählerinnen und Wähler.* Das ist jetzt gebessert zu *Liebe Wähler*innen.* Nur an wenigen Stellen sind Reste des gestrigen Deutsch stehengeblieben, so bei den *Beraterverträgen,* die jetzt *Berater*innenverträge* heißen müssten. Wir freuen uns, dass es die *Fahrgastrechte* und die *Vorreiterrolle* noch gibt, auch *Unternehmerketten, Mindestkurzarbeitergeld* und *Verbraucherschutz.* Wir sind dankbar für die vertraute *Künstlersozialkasse* und die *Verbraucherzentrale* und wundern uns nur, warum *„Berufsverbrecher"* in Anführungszeichen gesetzt sind. Immerhin hat der *Player* das Gendern überlebt, während der *Whistleblower* aus dem vorläufigen Wahlprogramm zur *Whistleblower*in* mutiert ist.

Auch andernorts schaut die Ideologie aus allen Löchern. Alleinerziehende heißen nun *Ein-Eltern-Familien*, dazu gibt es die *Mehr-Eltern-Familien* und die *Zwei-Mütter-Familien.*

Genug, ziehen wir Bilanz: die Grünen meinen es ernst mit dem radikalen Gendern. In dem endgültigen, „lektorierten" offiziellen Wahlprogramm bekennen sie Farbe. So und nur so wollen sie in der deutschen Sprache Geschlechtergerechtigkeit einführen. Sie scheren sich nicht um die Bedenken des Rats für deutsche Rechtschreibung. Sie fragen nicht nach Lesbarkeit, nach Vorlesbarkeit, nach Verständlichkeit, nach den Regeln der Grammatik und nach der Tradition einer Sprache. Lassen sich solche Gendertexte eigentlich in andere Sprachen übersetzen? Wie mag die angekündigte Übersetzung ins Englische aussehen? Was wird aus dem Deutschen in der Europäischen Union? Alles Fragen, die unbeantwortet bleiben. Dies ist der Vorgeschmack zu vielen anderen Reformen, die im Wahlprogramm der Grünen angekündigt werden. Hier sind sie bereits Realität. Kommt die Mahnung ihres Mit-Vorsitzenden Robert Habeck in einem SZ-Interview zu spät? Er wünscht sich für den Neustart, den die Grünen anstreben „eine werbende Sprache, eine einladende Kommunikation, die nicht besserwisserisch daherkommt". Davon ist in diesem Wahlprogramm wenig zu spüren.

3.

Das gegenderte Abc

Wer einen seltenen Familiennamen besitzt, der muss ihn öfter buchstabieren, so wie ich mit *Martha, Ulrich, Nordpol, Siegfried usw.* Das gehört zu meinem Sprachwissen, seit ich telefoniere. Und es gehört zum Sprachwissen, zum Wortschatz von zig Millionen Deutschen. Darum war ich irritiert, als das ‚Deutsche Institut für Normung (DIN)' vorschlug, diese bewährte Diktierregel grundlegend umzugestalten. Den Anstoß gab der Antisemitismusbeauftragte von Baden-Württemberg, Dr. Michael Blume. Er entdeckte, 75 Jahre nach dem Zusammenbruch des Dritten Reiches, einen verborgenen Antisemitismus in der von den Nationalsozialisten korrigierten Buchstabiertafel. Biblische Namen (damals ‚jüdische' Namen genannt) wie *Samuel, David, Nathan* wurden ersetzt durch *Siegfried, Dora, Nordpol.* Blume empfahl zunächst den Stand vor 1933 wiederherzustellen. Sozusagen eine späte Wiedergutmachung. Aber damit mochte sich der zuständige DIN-Ausschuss nicht begnügen. Man entdeckte nun, dass weibliche Vornamen in der Liste gegenüber den männlichen weit unterpräsentiert seien. Überhaupt spiegele die Namenauswahl die kulturelle Diversität der deutschen Bevölkerung nicht ausreichend wider. Dies solle nun durch Städtenamen geschehen, gerecht verteilt nach Bundesländern. Als Buchstabensignale dienen die Abkürzungen der Kfz-Kennzeichen wie *M* für *München, U* für *Unna, X* für *Xanten, V* für *Vogtland.*

Mit dem Wunsch nach Widerspiegelung der deutschen Bevölkerung setzt der DIN-Ausschuss in fataler Weise die Argumentation der Nationalsozialisten fort. Diese sahen in den ‚jüdischen' Namen eine unerwünschte Repräsentanz jener Bevölkerung, die sie gerade dabei waren zu entrechten und zu vertreiben. Darum tilgten sie 1938 die ‚jüdischen' Namen aus der Diktierliste.

Nun soll in umgekehrter Weise gerade die Vielfalt der deutschen Bevölkerung in der Diktierliste zum Ausdruck kommen. Was ist daran verkehrt? Dass es hier garnicht um irgendeine vermeintlich gerechte Repräsentanz geht, sondern um etwas ganz anderes und ganz Einfaches: um eine Liste geläufiger Wörter, die sich leicht aussprechen und gut verstehen lassen. Eigennamen sind dafür besonders geeignet, weil sie keine Bedeutung haben und nur etwas identifizieren, einen Ort, eine Person, einen Fluss. Die Diktierregeln der meisten Sprachen bedienen sich der Vornamen, da sie oft seit Jahrhunderten zum festen Bestand des Namenwortschatzes gehören. Die meisten Vornamen in unserem bisherigen Diktieralphabet sind zweisilbig, haben Anfangsbetonung und sind im Wechsel von Vokal und Konsonant sehr einfach strukturiert wie *Otto, Emil, Cäsar.* Damit kommen sie dem Zweck leichten Sprechens und Verstehens besonders entgegen.

Anders die ausgewählten Städtenamen. Sie erfüllen nur mangelhaft die sprachlichen und mnemotechnischen Grundbedingungen einer Diktierliste. Es fehlt an Eindeutigkeit und Geläufigkeit. Dazu zwei Beispiele: *Chemnitz* wird ['kɛmnɪts], also mit k ausgesprochen, manche sagen auch ['çɛmnɪts] mit ich-Laut, in Analogie zu *China*. *Stuttgart* soll für s stehen, wird aber ['štʊtgart] wie sch ausgesprochen. Den Kfz-Zeichen CH und S fehlt der eindeutige Lautbezug. Um den geht es aber beim Diktieren.

Etliche Namen sind mehrsilbig wie *Oldenburg, Tübingen, Wuppertal, Regensburg, Hannover.* Und einige sind wahrhaftig nicht geläufig wie *Cottbus, Iserlohn, Quickborn, Unna, Vogtland, Xanten* und *Zwickau.* Viele dieser Mittelstädte freuen sich schon über die unerwartete Publizität. Hier kehrt sich der Sinn einer Diktierliste geradezu um: statt mit einem geläufigen Namen einen Buchstaben zu symbolisieren, wird ein Buchstabe nun eher durch einen seltenen Namen verdunkelt. Völlig misslungen sind die Vorschläge, welche die Umlautbuchstaben symbolisieren sollen. Für *ä, ö* und *ü* galt schon bisher ein Behelf mit den Wörtern *Änderung, Ökonom, Überfluss.* Jetzt soll es heißen *Umlaut-O, Umlaut-A, Umlaut-U,* die sich zum Verwechseln ähnlich sind. Dem DIN-Ausschuss hat es offensichtlich an Sachverstand gefehlt. Er hat sich auf ein Feld locken lassen, von dem er nichts versteht. Der Vorschlag ist eine Verschlimmbesserung der bisherigen Regeln.

Der öffentliche Widerspruch hat den Ausschuss veranlasst, kleinere Korrekturen vorzunehmen. In der endgültigen, am 13. März 2022 verkündeten Fassung wird *Stuttgart* (für den Buchstaben *S*) durch *Salzwedel* ersetzt. Es bleibt das Manko wenig bekannter mehrsilbiger Diktierwörter wie *Ingelheim, Offenbach, Völklingen.* Sie ersetzen nun die griffigen Vornamen *Ida, Otto, Viktor.* Eines hat der DIN-Ausschuss offenbar garnicht bedacht: Dass die bisherige Buchstabiertafel mit Vornamen für das ganze deutsche Sprachgebiet mit Österreich und der Schweiz gegolten hat. Diese lange Gemeinsamkeit wurde durch die bundesdeutsche Neuregelung zerstört.

Am Ende ist aber auch zu fragen: wie wichtig ist heute eine Liste im Zeitalter von e-mail und SMS? Wer übermittelt noch Wörter und Namen am Telefon außer in Callcentern? Das war 1903 anders, als die erste Diktierliste aus Vornamen im Berliner Telefonbuch veröffentlicht wurde. Sie war eine wichtige Hilfe in jener Revolution mündlicher Fernkommunikation. Heute ist das alles ein Randbereich. Angeblich soll die Liste in der Ausbildung kaufmännischer Berufe gelernt werden. Die Umstellung einer Sprachgewohnheit dürfte Generationen dauern.

Deshalb ist am Ende zu fragen: was befugt den DIN-Ausschuss eigentlich, diesen speziellen Sprachbesitz von vielen Millionen Deutschen einfach zu verwerfen und durch einen anderen zu ersetzen? Ist dies nicht eine Form von Sprachdiktat? So sehen es viele erste Stellungnahmen von Betroffenen. Die neue Diktierliste greift viel umfassender in unsere Sprachgewohnheit ein als die wenigen Änderungen der Nationalsozialisten. Das Verwerfliche ihres Eingriffs war die antisemitische Motivation. Es hätte genügt, die ehrenvollen Vornamen *David, Nathan, Samuel* wiederherzustellen. Aber wer denkt heute bei *Siegfried, Dora und Nordpol* noch an die Nationalsozialisten? Kurz: diese aufwendige Korrektur sieht aus wie eine Alibi-Aktion. Damit wird der aktuelle Antisemitismus nicht sinnvoll bekämpft. Der DIN-Ausschuss hat sich hier unnötig instrumentalisieren lassen. Man möchte ihm zurufen: Schuster, bleib bei deinen Leisten.

4.
Gender-Glossen

Generisches Maskulinum

Dieser sprachwissenschaftliche Begriff geistert durch alle Gender-Debatten. Viele verstehen ihn nicht. Und die wenigsten haben eine genaue Kenntnis der Sache. Für Feministinnen und ihre politischen Freunde ist das *Generische Maskulinum* die versteinerte Verkörperung patriarchalischer Sprache. Sie hindere eine gleichberechtigte Sicht auf Frauen. Darum entfalten sie große Kreativität, dies Manko auf unterschiedlichste Weise in der Schriftsprache zu beseitigen. Fachleute der deutschen Grammatik sagen hingegen: das geht garnicht, es führt zu einer grotesken Entstellung der Sprache, die im übrigen nichts bewirkt. Die Eigenart und die Leistung der Genus-Kategorie im Deutschen werde überhaupt nicht wahrgenommen. Echte Frauenförderung lasse sich nur durch fördernde Gesetze bewirken und durch ein angemessenes soziales Verhalten.

Hier sei eine knappe sprachwissenschaftliche Erklärung gegeben. (Ausführlich informiert Eckhard Meineke, Studien zum genderneutralen Maskulinum, 2023.) Es geht beim *Generischen Maskulinum* um einen Grundzug aller grammatischen Kategorien, ob *Numerus* (‚Zahl'), *Kasus* (‚Fall') und *Genus* (‚grammatisches Geschlecht') der Substantive oder *Tempus* (‚Zeitstufen'), *Diathese* (‚Aktiv/Passiv') und *Person* der Verben: Immer wird eine kategorische Form, also *Singular, Nominativ, Maskulinum, Präsens* oder *Aktiv*, sowohl spezifisch als auch allgemein ('generisch') verwendet. Die Präsensform bezieht sich zum Beispiel auf die Gegenwart und wird außerdem zeit-unspezifisch verwendet (*die Erde ist rund*), die Singularform bezieht sich auf die Einzahl, wird aber auch ohne Zahlbezug verwendet (*Liebe macht blind*). So steht auch das maskuline Genus von Personenbezeichnungen sowohl für männliche Personen wie für Personen allgemein. Dies kommt besonders bei einigen Pronomina zum Ausdruck (*wer, man, jemand, niemand*); aber auch bei Pronomina mit drei Genusformen wie *jeder, keiner, einer, dieser* wird die maskuline Form generisch verwendet (*jeder ist seines Glückes Schmied*). Zahlreiche Personenbezeichnungen (viele auf *-er*) nutzen diese ökonomische Prägung sprachlicher Kategorien, zum Beispiel in dem bekannten TV-Satz: *Zu Risiken und Nebenwirkungen fragen Sie Ihren Arzt oder Apotheker*. Hier sind offensichtlich die Vertreter eines Berufs gemeint, gleich welchen Geschlechts.

Ein zweiter wichtiger Punkt betrifft die Verankerung der drei Genera des Deutschen im Satz und im Text. Pronomina und Adjektive verlangen eine Übereinstimmung in Numerus und Kasus mit dem Substantiv, auf das sie sich beziehen, teils als Attribute teils durch die Wiederaufnahme, z.B. in Relativsätzen. (Sprachwissenschaftler nennen es *Kongruenz*). Verschiedene Stellenausschreibungen in der akademischen Zeitschrift Forschung & Lehre (8/2019) illustrieren die Probleme gegenderter Texte:

> *Zum Vorschlag gehören der Name der/des Vorgeschlagenen, die Hochschule, die/der sie/er angehört, eine Begründung des Vorschlags, die das Verdienst der/des Vorgeschlagenen skizziert, sowie ggf. aussagekräftige Unterlagen über die Leistung der/des Vorgeschlagenen.* (S. 715), oder: *Zu den Aufgaben der/des zukünftigen Stelleninhaberin/Stelleninhabers...*(S. 766) oder *Die/Der zukünftige Stelleninhaber/-in...*(S. 771)

Der Querstrich soll die Gleichberechtigung symbolisieren, notgedrungen muss er auch auf die Artikel angewandt werden. Bei Verkürzung der Paarform auf *Stelleninhaber/-in* wird der Text völlig ungenießbar. Im ersten Text hat sich die Autorin oder der Autor offenbar gendermäßig verhauen. Dies ist der elementare Mangel der allermeisten gegenderten Texte. Sie verlassen die selbstverständliche Funktion der Schriftsprache: natürliche, gesprochener Sprache möglichst vollständig, linear und vorlesbar wiederzugeben.

nur mitgemeint

Dieser Ausdruck ist das beliebteste, das eingängigste und auch erfolgreichste Klagelied der Feministen. Es ist ein Narrativ, eine Erzählung für jedermann. Sie passt vorzüglich in die allgemeine große Bewegung für die Gleichstellung der Geschlechter, in die Klage über ungleiche Besoldung, zu wenige Vorstandsposten in der Industrie, zu wenige Professorinnen und so weiter. *Nur mitgemeint* heißt bei maskulinen Personen- und Berufsbezeichnungen so viel wie ‚Frauen sind nicht unmittelbar, nur sekundär angesprochen, ein Anhängsel'. *Nur mitgemeint* ist eine versteckte sprachliche Benachteiligung, die man beseitigen muss wie die Ungleichheit im Beruf.

Nur wenige Verteidiger des Generischen Maskulinum unter den Linguisten haben das gefährliche Potential dieses Ausdrucks erkannt. Gehen wir der Frage noch einmal nach und beginnen beim grammatischen Genus im Tierreich. Ist der *Enterich* im Wort *die Ente* nur mitgemeint? Denken wir bei *Ente* unwillkürlich an einen weiblichen Vogel, auch bei der *Kröte* an einen weiblichen Frosch? Und ist *ein Hase* andererseits immer ein Hasenmann, die *Häsin* nur mitgemeint? Und was ist mit *Reh* und *Rhinozeros,* den wenigen Neutra unter den Tieren? Haben sie gar kein Geschlecht? Sind sie vielleicht divers? Jetzt stellt sich die Frage: warum sind bei *Ente* und *Kröte* die männlichen Exemplare nur mitgemeint, bei *Frosch* und *Hase* die weiblichen Tiere? Bei den einen gilt offenbar das Generische Femininum, bei den anderen das Generische Maskulinum. Die Tierwelt verrät uns, dass das grammatische Genus mit dem biologischen Geschlecht garnichts zu tun hat. *Das Mädchen, das Weib* – warum keine Feminina? Wird *-chen* oder *-lein* zur Verkleinerung angehängt, wechselt das Genus zum Neutrum, *die Frau* wird zum *Fräulein, der Mann* zum *Männlein.* Das hat bisher niemanden gestört.

Mit dieser Einsicht in die Grammatik können wir jetzt auf die Streitpunkte eingehen, auf die vielen Personen- und Berufsbezeichnungen mit maskulinem Genus. Hier ist die Sache zugegebenermaßen etwas komplizierter. Denn wir können mit den Wörtern *Apotheker, Polizist, Nachbar* ganz generell ein Mitglied dieser Berufsgruppe oder dieser Menge bezeichnen, zum Beispiel in der bekannten Wendung *Zu Risiken und Nebenwirkungen fragen Sie Ihren Arzt oder Apotheker.* Sie hat uns als obligatorische Beigabe einer Arzneiwerbung über Jahrzehnte genervt. Jüngst wurde sie durch eine umständliche Wendung ersetzt. Daneben kann aber auch, als zweite Lesart, ein einzelner männlicher Apotheker, Polizist oder Nachbar gemeint sein. Gestützt wird diese Lesart auch durch die movierten Formen *Apothekerin, Polizistin* usw. für weibliche Personen. Insofern ist Gleichheit bereits in unserer Grammatik verankert. Das eine nennen wir die generische, also die geschlechtsunabhängige, das andere die spezifische Verwendung. Feministen beklagen diese Mehrdeutigkeit und wollen die generische Verwendung solcher maskulinen Wörter loswerden. Sie drehen den Spieß um, indem sie die explizit feminine Formen *Apotheker*in, Polizist*in, Nachbar*in* mit einem Stern versehen und damit für generisch erklären. Das widerspricht offensichtlich der geltenden grammatischen Norm des Deutschen. Es ist der Versuch eines Sprachdiktats.

Wo liegt der Ausweg? Ganz einfach. Und das haben viele längst begriffen. Generischer Gebrauch ist unentbehrlich, unter Bezug auf einzelne ist zwischen der maskulinen und der femininen Form zu wählen. Und im Zweifel gilt die Paarformel *Bürger und Bürgerinnen.* Aber schon rührt sich Widerstand gegen den inflationären Gebrauch solcher Doppelformeln. Wir befinden uns offenbar in der Experimentierphase. Wann generisch, wann spezifisch, wann gedoppelt – das wird sich in der Sprachpraxis entscheiden. Erste Umfragen zeigen Unterschiede zwischen jung und älter, zwischen Frauen und Männern. Die Jungen nehmen es lockerer, die Älteren beharren mit großer Mehrheit darauf, dass die Sprache nicht beschädigt wird. Unter Frauen erfreuen sich Genderstern und Sprechpause einer gewissen Beliebtheit. Gerne ziehen sie das Narrativ *‚nur mitgemeint'* zur Begründung und zur Rechtfertigung heran. Eine Justizministerin legte sogar ein Gesetz in Genderdeutsch vor. Der Innenminister hat es verhindert. Und die zahlreichen Frauenbeauftragen in Universitäten, in Kommunen und Firmen halten Gendern ohnehin für eine Pflicht. Wird hier eine neue sprachliche Varietät geschaffen, für überzeugte Feministen und ihre Mitläufer, quasi ein Emma-Deutsch?

Bürgerinnen und Bürger?

Als Alternative zum Gendern mit * (z.B. in *Bürger*innen*) begegnet häufig die Doppelnennung männlicher und weiblicher Personenbezeichnungen: *Politiker und Politikerinnen, Bürger und Bürgerinnen, Christen und Christinnen.* Besonders Korrekte, die dem Vorrang des Weiblichen Tribut zollen wollen, drehen die Reihenfolge um: *„Liebe Bürgerinnen und Bürger"* mag es dann heißen. Allerdings habe ich beobachtet, dass die Endung *-innen* bei dieser Reihung öfter verloren geht. Dem amtierenden Bundeskanzler ergeht es so. Hören Sie einmal hin.

Woran liegt das? Ist es einfach der Redegeschwindigkeit geschuldet? Oder macht sich hier unwillkürlich ein Widerstand gegen diese Doppelung breit? Schließlich hat man ja jahrhundertelang einfach von den *Bürgern* und den *Christen* gesprochen und keiner dachte, dass hiermit nur Männer und männliche Gläubige gemeint seien.

Das alles mag eine Rolle spielen. Entscheidend aber ist eine sprachliche Gesetzmäßigkeit, die in der Umkehr der doppelten Benennungen verletzt wird. Sprachwissenschaftler kennen das ‚Behaghelsche Gesetz', das Otto Behaghel im 4. Teil seiner Deutschen Syntax (1932) aufgestellt hatte. Es ging ihm um die Reihenfolge in der Wort- und Satzgliedstellung. Das bekannteste seiner vier Grundprinzipien bezieht sich auf die Reihung von zwei semantisch nahestehenden Gliedern. Behaghel spricht vom ‚Gesetz der wachsenden Glieder', das heißt: von zwei Gliedern geht das kürzere dem längeren voraus, also *Bürger und Bürgerinnen.* Behaghels Entdeckung ist in der neueren Linguistik vielfältig diskutiert und vertieft worden. Sie hatte Bestand. Daran sei hier erinnert.

Die scheinbar einfache Umkehr der Reihung, eine Kleinigkeit, erweist sich als Verstoß gegen ein syntaktisches Grundprinzip. Darum verliert sich die Verlängerung durch *-innen* zuweilen in der schnellen Rede. Meist sind das übrigens abgelesene Reden, also eigentlich Schriftliches. Oder wir haben es mit einer betonten Verneigung vor feministischen Forderungen zu tun. Im ungeplant gesprochenen Gespräch wird die Umkehrung (erst das längere, dann das kürzere) keinen Bestand haben. Hier gelten die eisernen Regeln der Sprache. Auch Genderstern, Unterstrich und ähnliches sind Erfindungen für die Schriftsprache. Daraus können sie ebenso schnell verschwinden, wie sie gekommen sind.

Gendern geboten?

Es ist geradezu lächerlich, was zum jüngsten Wellenschlag in der Genderfrage geführt hat. Es ist das Wintersemester 2018/19. Ein 17jähriger Student, Erstsemester an der Universität Kassel, noch unvertraut mit den Sprachregelungen seiner Universität, benutzt in einem Prüfungstext das Generische Maskulinum *der Jugendliche* und wird vom Korrektor gerügt, es müsse – geschlechtergerecht – *die Jugendlichen* heißen. Es gibt deswegen einen Punktabzug. Der Student beschwert sich bei der Universitätsleitung und wird beschieden, dies sei zulässig. Es stehe „Lehrenden grundsätzlich frei, die Verwendung geschlechtergerechter Sprache als ein Kriterium bei der Bewertung von Prüfungsleistungen heranzuziehen", so der universitätsamtliche Wortlaut. Lukas Honemann studiert Germanistik, Geschichte, Politik und Wirtschaft für das Lehramt an Gymnasien, er ist auch politisch aktiv als Geschäftsführer der CDU-Fraktion im Kreistag des Landkreises Kassel und erzählt im März 2021 dem Reporter einer Regionalzeitung von seinem Erlebnis. Hier beginnt der Wellenschlag. Nach dem Zeitungsbericht löscht die Universität diesen Gender-Text und holt bei einem renommierten Rechtsprofessor ein Rechtsgutachten zur Frage ein, ob die Berücksichtigung geschlechtergerechter Sprache bei der Benotung zulässig sei. Das Gutachten liegt vor, die Universität gibt in einer Presseerklärung vom 9.12.2021 eine kurze Zusammenfassung bekannt, die, so erklärt sie, ihre Auffassung weitgehend bestätige. Diese Mitteilung führt zur Schlagzeilen-Nachricht der überregionalen Presse.

Mehrere Punkte sind relevant: Erstens: Dürfen Universitäten überhaupt Sprachvorschriften erlassen und deren Nichtbefolgung sanktionieren? Sind solche Empfehlungen, wie sie sich zumeist nennen, nicht eigentlich Verpflichtungen, selbst wenn sie nicht strafbewehrt sind? Wird auf diese Weise nicht der Versuch unternommen, das Gendern gegen die bekannte mehrheitliche Ablehnung der deutschen Bevölkerung durchzusetzen? Konkreter ist zu fragen: Und an wen sind diese Vorgaben gerichtet? An die Angestellten und Beamten aus Forschung, Lehre und Verwaltung oder an alle Mitglieder, eben auch an alle Studierenden?

Man kann den Spieß in dieser Sache übrigens auch umdrehen. Bisher ging es um die Frage, ob Gendern von Studierenden verlangt werden könne und ob bei Nichtbefolgung eine Sanktionierung zulässig sei. Umgekehrt stellt sich die Frage, was ein Hochschullehrer mit einem gegenderten Text in einer Prüfungsleistung anstellen soll. Darf er diese absichtsvolle ideologische Begleitmusik, diese Missachtung der deutschen Rechtschreibung, als Mangel in die Bewertung einbeziehen? Oder darf er eine Bewertung ablehnen. Kann er dazu gegebenenfalls gezwungen werden? Wird Weigerung sanktioniert?

Die zweite Frage betrifft das Gutachten von Prof. Dr. Michael Sachs. Die Universität Kassel hat zunächst die Offenlegung verweigert. Das erinnert fatal an den Umgang des Kölner Erzbistums mit den Gutachten zum Missbrauch in der katholischen Kirche. Im Untertitel ihrer Pressemitteilung wird behauptet, die fragliche Praxis sei „in bestimmten Fällen zulässig". Vergleicht man jedoch die wenigen Gutachten-Zitate in der Pressemitteilung, so kommen Zweifel auf. Tatsächlich verwirft der Gutachter „die Berücksichtigung von geschlechtergerechter Sprache als ein weiteres allgemeines formales Kriterium für eine Prüfungsleistung". Der „Antwortspielraum des Prüflings" sei zu respektieren. Es sei „Verhältnismäßigkeit zu wahren". Solche ausgewählten Zitate lassen erahnen, wie schwer sich der Gutachter getan hat, wenigstens einen Zipfel von Zulässigkeit zu konzedieren. Gerne wüsste man nun, in welchen sehr spezifischen Fällen Gendern verlangt oder geduldet werden kann. Am Ende fragt sich der Laie auch, welche Bedeutung solche Rechtsgutachten überhaupt besitzen. Sie werden ja gerne eingeholt, um die eigene Auffassung zu bestätigen.

Damals fragten sich viele Hessen: Was sagt eigentlich die von CDU und GRÜNEN geführte Landesregierung zu dieser Causa und zu dem Agieren ihrer Landesuniversität? Die Frage hat sich durch Wahlen erledigt. Die neue Landesregierung (ohne die GRÜNEN) verspricht, das Gendern in Schulen, Universitäten und Behörden zu untersagen.

Dem kritischen Betrachter kommen zu all dem einige Zweifel und eine fatale Erinnerung. Die Zweifel richten sich gegen die Verrechtlichung unseres Alltags. Gerne wird Gerichten überlassen, was Parteien nicht zu entscheiden wagen. Wir sahen dies unlängst, als alle Parteien gebannt auf das Urteil des Bundesverfassungsgerichts zum Lockdown warteten. Wir sind offenbar nicht nur ein Rechtsstaat, sondern auch ein Rechthaberstaat. Rechtsgläubigkeit ist rechtens und meist humorlos. Sie sollte aber eigene Verantwortung nicht ersetzen. Im Umgang mit Gerichten ist übrigens an die Sentenz zu erinnern: Auf hoher See und vor Gericht sind wir in Gottes Hand. Können wir unsere Sprache diesen Umständen überlassen?

Die erwähnte Erinnerung reicht in meine Kindheit zurück, als alle Deutschen vom Pimpf bis zum Greis, Mädchen und Frauen eines befolgen mussten: den Hitlergruß, bei Schulbeginn, beim Bäcker, auf der Straße, als Grußformel in allen Briefen. Mit dieser Sprach- und Verhaltensvorschrift sollte die Zustimmung zur Ideologie und zur Herrschaft der nationalsozialistischen Partei erzwungen werden. Erst am 8. Mai 1945 verschwand der faschistische Gruß spurlos. Die Parallele liegt in einem Punkt: unserem Hang zu ideologischen Entwürfen, dem Streben, ihre Beachtung durch Sprachvorschriften zu erzwingen und leider auch in der Bereitschaft, all dem bereitwillig Folge zu leisten.

Mieter, der

Das harmlose Wort ist in das Getümmel des Genderstreits geraten. Wieso? Der neue Online-Duden hat ihm ein neues Kleid verliehen und mit ihm unzähligen weiteren sogenannten Personenbezeichnungen im deutschen Wortschatz. *Der Mieter* wird jetzt so definiert: „Substantiv, maskulin – männliche Person, die etwas mietet." Das ist nicht falsch, denn Mieter können auch Männer sein, aber es ist unzureichend. Es fehlt die allgemeine Bedeutung ‚jemand, der etwas gemietet hat', wie sie das Digitale Wörterbuch der deutschen Sprache der Berlin-Brandenburgischen Akademie der Wissenschaften anführt. Ebenso übrigens das ausführliche Deutsche Universalwörterbuch des Dudenverlags. Diesen ‚generischen' Gebrauch von *Mieter* findet man insbesondere bei Zusammensetzungen wie *Mieterverein* und *Mieterversammlung*. Nach Meinung des Online-Dudens gibt es dort, entsprechend der Definition von *Mieter*, nur Männer. Das war wohl nicht bedacht. Gerade solche Zusammensetzungen zeigen, wie fest das Generische Maskulinum im deutschen Sprachgebrauch verankert ist. Es ist ein praktisches Verfahren, Personen beiderlei Geschlechts nach allgemeinen Merkmalen zu benennen. Das sollen Wörterbücher dokumentieren. Ob oder wie man gendert, das haben sie der Sprachgemeinschaft nicht vorzuschreiben.

Was treibt der Duden zu solchen sprachwidrigen Änderungen bewährter lexikographischer Praxis? Er belauscht den

Zeitgeist und dient sich ihm an. Schon im neuesten gedruckten Duden hatte er allen Personenbezeichnungen eine weibliche Form beigefügt, von der *Dachdeckerin* über die *Fagottistin* bis zur *Zaudrerin.* Schlimmeres bringt ein Blick in die Vergangenheit zu Tage. Bereits ein Jahr nach der Machtergreifung der Nationalsozialisten nahm er aktuellen Wortschatz auf: *Blockwart, Sippenhaft, erbgesund, Untermensch.* Die meisten sind heute getilgt. So kann man hoffen, dass auch die jüngsten Irrwege keinen Bestand haben. Denn die deutsche Sprache befindet sich nicht im Duden, sondern im Sprachvermögen und der Sprachpraxis von über 80 Millionen Muttersprachlern.

Hilft Gendern?

Das Gendern breitet sich immer mehr unter gutverdienenden Frauen aus: Moderatorinnen, Nachrichtensprecherinnen, Redakteurinnen und die vielen Frauenbeauftragten haben sich fürs Gendern entschieden. Nicht nur Gendersternchen und Generisches Femininum sind Pflicht. Mit koketter Miene produzieren einige sogar einen zierlichen Knacklaut, den Sternchen-Ersatz in der gesprochenen Rede. Sie alle nutzen ihre Stellung und ihre Bekanntheit, um ein feministisches Bekenntnis abzugeben. Sprache, so behaupten sie, benachteilige die Frauen. Insbesondere das Generische Maskulinum mache sie unsichtbar. Gendern, so behaupten sie, diene der Gerechtigkeit in allen Lebensbereichen.

Denn fatalerweise herrscht, statistisch gesehen, noch immer krasse Ungerechtigkeit im Arbeitsleben: Frauen verdienen glatte 18% weniger im gleichen Beruf, Frauen stellen fast 80% aller Teilzeitbeschäftigten. Und zwei Drittel aller Mütter, die zur Arbeit gehen, wählen Teilzeit. Diese Befunde des Statistischen Bundesamtes illustrieren den sog. Gender Pay Gap, die Lohnlücke bei Frauen. Und noch immer gibt es die strukturellen Benachteiligungen: Ehefrauen von Beamten dürfen selbständig nicht mehr als 20.000 im Jahr verdienen. Sonst rutschen sie in die Pflicht zur Sozialversicherung. Damit büßen sie den Vorteil ein, eine Privatversicherung abzuschließen und an der Krankenbeihilfe ihres Ehegatten zu partizipieren. Das verhindert Vollzeitkarrieren und macht die Beamtenfrauen zu begehrten kostengünstigen Arbeitskräften. Ganz zu schweigen vom Ehegattensplitting, der steuerlichen Bevorzugung von Verheirateten.

Die Frage ist nur: hilft hier Gendern? Denn offenbar hat die jahrzehntelange Kampagne für vermeintliche Sprachgerechtigkeit noch immer nichts bewirkt. Im Gegenteil: Gendern ist zum symbolischen Ersatz für tatsächliche Gleichberechtigung geworden. Die Besserverdienenden können sich damit als die Gerechten, die Fortschrittlichen, die unermüdlichen Mahnerinnen präsentieren. Sie haben die Gleichbehandlung auf ihrem Konto längst erreicht, haben auch manchen männlichen Kollegen weit überflügelt. Es bleibt die Frage: was bringt Gendern der Kassiererin im Supermarkt, den knapp bezahlten Putzhilfen, den Kita-Helferinnen und rastlosen Pflegerinnen? Eine große Mehrheit hat längst erkannt, dass Sprachvorschriften den Geldbeutel nicht füllen. Gendern wird nicht nur abgelehnt, weil es die Sprache beschädigt und umständlich macht. Es wird abgelehnt, weil es nur leeres Versprechen ist, bloße Demonstration statt wirklicher Hilfe.

Rechtschreibung

5.

Erklärung der Rechtschreibreform

Dieser Text schöpft aus den Erfahrungen des Autors als langjähriges Mitglied der Rechtschreibkommissionen sowie seiner nachfolgenden Aktivität als Kritiker der Reform. Zunächst werden die Akteure und die Motive der Reform sowie die Gründe ihres Scheiterns dargestellt. Es folgt ein Überblick über die charakteristischen Grundzüge, die Mängel und die Stärken der deutschen Rechtschreibung. Sie beleuchten den Hintergrund der Reformdebatte. Der Beitrag erschien zuerst (für eine französische Leserschaft) in der Zeitschrift Cahiers de lexicologie (2018).

Einführung

Am 1. Juli 1996 unterzeichneten in Wien die Vertreter von 10 europäischen Ländern, in denen das Deutsche Amtssprache ist, eine „Gemeinsame Absichtserklärung zur Neuregelung der Deutschen Rechtschreibung“. Das war der Startschuss zur Rechtschreibreform, die alsbald mit deutscher Gründlichkeit in Schulen und Behörden durchgesetzt und nach einer gewissen Schamfrist auch von den Zeitungen und Buchverlagen akzeptiert wurde. Trotz dieser erfolgreichen internationalen Zusammenarbeit gilt das Unternehmen Rechtschreibreform heute als misslungen. So bekannte vor wenigen Jahren Hans Zehetmair, einer der mitverantwortlichen Kultusminister, später Vorsitzender des Rechtschreibrates, zu dieser Reform: „Das sollte nie wieder vorkommen, die Lektion haben wir alle gelernt“. Nicht nur war der Widerstand in der Sprachgemeinschaft, von Schriftstellern, Wissenschaftler, Lehrern, Verlagen völlig unterschätzt worden. Vor allem wurde keines der angestrebten Ziele erreicht. Lernen und Lehren der Rechtschreibung wurden nicht wie versprochen leichter, die Fehlerquote ist sogar gestiegen.[1] Die deutsche Rechtschreibung, einst als Musterbeispiel sprachlicher Richtigkeit hochgeschätzt, mit dem Markenzeichen ‚Duden' ausgestattet, ist tief im Wert gefallen. Vielen erscheint damit die deutsche Sprache insgesamt beschädigt und entwürdigt.

Lohnt unter diesen Umständen überhaupt eine Beschäftigung mit dem Thema? Sehr wohl. Denn dies ist ein Musterbeispiel politischer Manipulation der Sprache, aus dem Lehren gezogen werden können und sollen. Im Rückblick müssen wir fragen, wie es eigentlich zu diesem spektakulären Unternehmen kam. Was waren die Motive, wer die Akteure der Reform? Wer hat sie zu Fall gebracht? Was sind die Mängel, was die Stärken der deutschen Rechtschreibung? Nie zuvor ist so intensiv über Rechtschreibung geforscht und gestritten worden.[2] Die Erfahrungen und Ergebnisse gelten nicht nur fürs Deutsche. Sie sind exemplarisch.

Der Verfasser dieses Berichts hat beide Seiten der Debatte kennengelernt, zunächst als eifriger Verfechter einer Reform und aktives Mitglied der deutschen Fachkommissionen, dann als Kritiker und Gegner der verordneten Rechtschreibreform. Warum bin ich der Reform von der Fahne gegangen? Es war die intensive Beschäftigung mit dem komplizierten, vielschichtigen, von vielen historischen Zufällen geprägten Komplex der Rechtschreibung, die mich gelehrt hat: unsere Rechtschreibung ist viel besser als ihr Ruf. Jeder Versuch, sie grundlegend zu ändern, zu vereinfachen, zu systematisieren, ist höchst problematisch. Wer eine gründliche Überarbeitung wünscht, z.B. in der leidigen Frage der Bezeichnung von

Vokalkürze und Vokallänge – wir kommen darauf zurück –, wird das Schriftbild des Deutschen wesentlich verändern und damit, so die Erfahrungen früherer Reformversuche, den massiven Widerstand der Sprachgemeinschaft hervorrufen. Beschränkt man sich aber auf periphere Korrekturen, so verpufft die Wirkung der Reform. Sie lohnt den Aufruhr nicht, den sie erzeugt. Die Beobachtung einer Jahrzehnte währenden Rechtschreibdebatte hat gezeigt: Letztlich haben das graphische Bild der geschriebenen Sprache und die Praxis richtigen Schreibens auch einen symbolischen Wert. Sie stehen für die Sprache selbst. Wer die Schreibung antastet, gilt als Verräter an der eigenen Sprache.

Die Etappen der Reform und ihre Akteure

Die Sache nahm am 19. Februar 1987 ihren Anfang. Damals erhielt der Präsident des Instituts für deutsche Sprache in Mannheim, Prof. Rupp, auf sein Ersuchen hin, von den Kultusministern der deutschen Länder sowie dem Bundesinnenministerium den Auftrag, zusammen mit Vertretern Österreichs, der Schweiz und der DDR einen Vorschlag zur ‚Neuregelung der deutschen Rechtschreibung' auszuarbeiten. Hinter dieser Formulierung verbarg sich zweierlei: Es sollte das Regelsystem, das praktisch seit der Berliner Rechtschreibkonferenz von 1901 galt, systematisch überarbeitet werden. Bisher lag die Interpretation der Regeln in den Händen der Dudenredaktion, die ihr Wörterbuch, das Erbe Konrad Dudens, ständig erweiterte und dabei die Regeln immer spitzfindiger auslegte. Man wollte praktisch die Hoheit über die Rechtschreibung wiedergewinnen und damit auch das Duden-Monopol loswerden. Der andere, der eigentliche Teil des Auftrags, der sich unter dem Ausdruck ‚Neuregelung' verbirgt, war eine Reform der Rechtschreibung. Endlich sollte durchgesetzt werden, was schon im 19. Jahrhundert heiß diskutiert, aber auf zwei Rechtschreibkonferenzen gescheitert war. 1901 kam nur eine Vereinheitlichung zustande. Weitere Versuche seit den 50er Jahren waren im Sande verlaufen. Dank dieser Vorgeschichte gab es im Mannheimer Institut für deutsche Sprache (IDS) bereits eine ‚Kommission für Rechtschreibfragen', die nun fachlich erweitert wurde. Damals wurde auch ich aufgenommen – als Fachmann für Sprachkontakt bzw. Fremdwortschreibung.[3] Ich hatte mich bereits durch eine kleine Kontroverse mit dem Feuilletonchef der FAZ, Karl Korn, als entschiedener Reformfreund ausgewiesen. Denn dies war die ungeschriebene Voraussetzung der Mitarbeit. Auch die anderen drei Kommissionen waren ausschließlich mit Kämpen der Reform besetzt. In der praktischen Reformarbeit war die Arbeitsgruppe der DDR unter Leitung von Dieter Nerius am weitesten fortgeschritten. Nerius hatte 1975 mit seiner Schrift *Untersuchungen zu einer Reform der deutschen Orthographie* den Auftakt zu einer wissenschaftlichen Begründung einer Rechtschreibreform gegeben. Die Arbeit wurde nun so organisiert: in jeder der vier Kommissionen wurden Bearbeiter der Hauptgebiete der Rechtschreibung bestimmt, die konkrete Vorschläge für eine reformierte Rechtschreibung machen und untereinander abstimmen sollten. Sie bildeten den internationalen Arbeitskreis, der regelmäßig zu gemeinsamen Besprechungen zusammenkam.[4]

Die einseitige Zusammensetzung der Kommissionen hatte den Vorteil, dass das Reformziel direkt angesteuert werden konnte, ohne Debatten mit den potentiellen Gegnern führen zu müssen. So blieben nicht nur bekannte Sprachwissenschaftler jener Zeit ungefragt, auch Spezialisten wie die Mitglieder der „Studiengruppe geschriebene Sprache" wurden gemieden.[5] Von den Hauptbetroffenen, den Trägern der Schriftkultur in den deutschsprachigen Ländern, also Journalisten, Verlegern, Schriftstellern, Lehrern, den Akademien – von ihnen war niemand beteiligt. Sie hatten schon frühere Reformversuche zu Fall gebracht. Aus heutiger Sicht kann man die einseitige Zusammensetzung der Rechtsschreibkommissionen mit einem Wort von Goethe charakterisieren: „Wer das erste Knopfloch verfehlt, kommt mit dem Zuknöpfen nicht zurande“.

Was hat die deutschen Kultusminister bewogen, den Auftrag für eine Rechtschreibreform zu erteilen? Es war das Versprechen, dass Schreiben und Schreibunterricht künftig wesentlich leichter würden, für Schüler und für Lehrer. Die Kultusminister waren ja für die Schulen zuständig und hielten sich deshalb für befugt, die Rechtschreibung zu regeln. Und zwar für Schulen und Behörden, wie es hieß. Dabei konnten sie an die Praxis der Regierungen anknüpfen, welche 1901 die Rechtschreibeinigung durchgesetzt hatten.

Diese Selbsteinschätzung war der zweite elementare Fehler. Die Publikation erster Ergebnisse der Mannheimer Kommission entfachte einen Proteststurm in der Öffentlichkeit.[6] Und zwar vor allem gegen den Plan, die Längebezeichnung der Vokale zu vereinfachen. Das war ein altes Anliegen aller bisherigen Reformer. Schon der Barockdichter Philipp von Zesen hatte dazu Vorschläge gemacht, die aus heutiger Sicht linguistisch plausibel sind; dann hatten Jacob und Wilhelm Grimm in ihrem Deutschen Wörterbuch wenigstens Doppelvokal und Dehnungsvokal abschaffen wollen – der Verleger lehnte das ab, es blieb bei einer Erwähnung von Schreibungen wie *al, ar, as, ale, äre, änlich* für *Aal, Aar, Aas, Ahle, Ähre, ähnlich.* Und als der Erlanger Sprachwissenschaftler Rudolf von Raumer, vom preußischen Kultusminister den Auftrag erhielt, eine Vorlage für die Berliner Rechtschreibkonferenz von 1876 zu machen, tauchten auch dort solche Vereinfachungen auf. An der Debatte um diese Vorschläge war die

Konferenz gescheitert. Später, 1901, verzichtete man fast ganz auf diese und andere Reformvorschläge. Zurück zum Jahr 1989: In Reaktion auf den vielstimmigen Protest, vor allem der unzähligen Leserbriefe aller Zeitungen, beschlossen die Kultusminister, diesen zentralen Bereich der Laut-Buchstaben-Beziehung aus der Reform auszuschließen. Das gleiche galt für die sog. gemäßigte Kleinschreibung (nur Eigennamen groß), welche die vier Kommissionen einführen wollten.[7] Damit waren jene Bereiche ausgeschlossen worden, welche das Schriftbild des Deutschen am sichtbarsten verändert hätten, zugleich auch jene, von denen sich die Reformer den größten Erfolg versprochen hatten. Lediglich eine Änderung hat den Flickenteppich der historisch geprägten deutschen Rechtschreibung sichtbar vereinfacht: der Ersatz des Sonderzeichens <ß> durch <ss> nach Kurzvokal (*muß* zu *muss*), wodurch auch hier Morphemkonstanz (zu *müssen*) hergestellt wurde. Die Schweizer hatten das <ß> schon seit langem aufgegeben, ohne dass nennenswerte Informationsverluste eingetreten waren. Einer förmlichen Rechtschreibreform hätte es hierzu nicht bedurft.

An dieser Stelle ist zu erklären, wie die Zusammenarbeit von Kultusministern, dem Institut für deutsche Sprache (IDS) und den Rechtschreibkommissionen funktionierte. Der organisatorische Mittelpunkt war von Anfang an das Mannheimer IDS.[8] Als Mittler zu den Kultusministern fungierte eine Arbeitsgruppe aus dem Schulausschuss der Kultusministerkonferenz. In sie waren Ministerialbeamten verschiedener Bundesländer abgeordnet, die ansonsten für Schulfragen, z.B. einheitliche Anforderungen und Prüfungen, zuständig waren. Diese Beamten wurden zum wichtigsten politischen Organ der Reform, als Lenker von der Hinterbank, die niemals öffentlich in Erscheinung traten. Sie schränkten die Reformziele ein, drängten auf zügigen Abschluss und organisierten schließlich die Wiener Konferenz, auf der am 1. Juli 1996 die Rechtschreibreform verkündigt wurde. Sie sind letztlich dafür verantwortlich, dass die Reform gegen den breiten Widerstand in der Öffentlichkeit durchgesetzt, dass Korrekturen ausgeschlossen und schließlich der 40-köpfige Rechtschreibrat als oberstes Beratungsgremium eingesetzt wurden. Mit diesem Gremium, das die Gesellschaft repräsentieren soll, aber nur wenige Fachleute enthält, soll dem Vorwurf mangelnder Beteiligung der Betroffenen entgegnet werden. Der Rat, der seinen Sitz am Mannheimer IDS hat, liefert alle 5 Jahre einen Bericht ab und gibt Empfehlungen ab. Die Entscheidungen trifft nach wie vor die Kultusministerkonferenz.

Es hat nie eine parlamentarische Debatte um die Rechtschreibreform gegeben, weder in den Bundesländern noch im Bundestag. Wie war das möglich? Es liegt an der alleinigen Zuständigkeit der Bundesländer für Kultur und Schulen. Mangels eines zentralen Ministeriums arbeiten sie informell in der sog. Kultusministerkonferenz der Länder (KMK) zusammen, einem vielkritisierten Organ, das die Verfassung nicht kennt. In deren Arbeitsgruppen werden Beschlüsse vorbereitet, die auf der einmal jährlich stattfindenden Konferenz der Kultusminister beschlossen und dann auf dem Verordnungswege durchgesetzt werden. Durch diese überregionale Absprache ihrer Beamten wird eine Beteiligung der Parteien und der Parlamente umgangen. So auch bei der Rechtschreibreform.

Die Mängel der Rechtschreibung und ihre Entstehung

Mit 26 Buchstaben die ganze Komplexität einer Sprache abzubilden – das ist eine außerordentliche kulturelle Erfindung. Erst die Verschriftung von Sprache macht dauerhafte Kommunikation über Zeiten und Räume möglich. Sie hat Traditionen gestiftet über Sprachen hinweg, vom Griechischen zum Lateinischen und weiter zu den modernen europäischen Sprachen. Allerdings ist die Übertragung eines Schriftsystems mit zwei Mängeln behaftet, die mit der Natur von Sprachen und der Natur von Schriftsystemen zusammenhängen. Während Sprachen in ihrer Geschichte stetem Wandel unterliegen, sind Schriftsysteme stets konservativ beharrend. Dies ist offenbar eine Bedingung ihrer Existenz. Sie äußert sich vehement im Widerstand der Träger einer Schriftkultur gegen jegliche Orthographiereformen. Durch Lautwandel bei Verharren der Schreibung wird das Laut-Buchstaben-Verhältnis komplex, wie gleich zu zeigen ist. Der andere Mangel liegt in der Besonderheit der vollständigen Buchstabenschrift. Sie ist nur einmal (von den Griechen) erfunden und ist seitdem in vielen Etappen – durch Sprachkontakt – auf andere Sprachen übertragen worden. Solche Adaption auf anders strukturierte Sprachen gelang stets nur mangelhaft. Dazu ein Beispiel aus der Frühzeit europäischer Schriftgeschichte. Es geht um die Schriftzeichen <ph>, <th> und <ch> in Lehnwörtern wie *Philosoph, Theologie* und *Christus.* Mit den betreffenden Doppelzeichen gaben die römischen Schreiber die griechischen Buchstaben φ (phi), θ (theta) und χ (chi) wieder, die damals behauchte Verschlusslaute bezeichneten – eine sehr exakte Transkription. Diese Doppelzeichen wurden beibehalten, auch nachdem im hellenistischen Griechisch aus den ehemaligen aspirierten Verschlusslauten längst Reibelaute geworden waren. Die Humanisten übernahmen diese römischen Schreibadaptionen, wobei <ph> jetzt dank griechischer Informanten als /f/ gedeutet wurde. Auch die englische und französische Orthographie hat diese Reste lateinischer Adaption griechischer Lehnwörter übernommen. Diese Vorgeschichte spiegelt sich auch im Wortschatz. Es ist kein Zufall, dass *Alphabet* und *Orthographie* griechische Lehnwörter sind.

Ein zweites Beispiel rührt an den Kern deutscher Orthographie: in der spätlateinischen Schrift, welche von deutschen Mönchen im frühen Mittelalter zur Verschriftung ihrer Dialekte adaptiert wurde, fehlten besondere Zeichen für Langvokale. Ein großer Mangel, da die Quantitätsopposition der Vokale ein Kernstück des deutschen Lautsystems darstellt. Dieses Handicap ist in der Schriftgeschichte des Deutschen nie befriedigend überwunden worden. Heute kennen wir mehrere Formen der graphischen Umsetzung: Doppelvokal (z.B. *Saal, Seele, Moor,*), Dehnungs-h (z.B. *mahlen, Mehl, ihm, Lohn, Stuhl, während, Föhre, führen*), <ie> und <ieh> für /i:/ (*Liebe, empfiehlt*) und am häufigsten Nicht-Markierung (z.B. *Tal, der, Bibel, Tor, Kur, Bär, hören, küren).* Letzteres hängt mit der phonotaktischen Regel zusammen, dass in offener Silbe nur Langvokale möglich sind, also kein Kontrast kurz/lang besteht und darum auch graphisch nicht markiert werden muss.[9] Noch komplizierter wird die Lage durch die konkurrierende Markierung der Vokalkürze durch Doppelkonsonant. Auch hier gibt es Nicht-Markierung (*mit, hat, un-, des*). Manche Minimalpaare sind doppelt markiert wie *innen* und *ihnen, Bann* und *Bahn.* Wer immer sich, als Laie oder Fachmann, mit diesem Thema befasst, findet schnell heraus, dass dieser Missstand durch eine radikale Vereinfachung behoben werden könnte. Und so hat dies Problem die Rechtschreibdebatten vom 17. Jahrhundert bis heute begleitet.

Am Beispiel der Längemarkierung von /i:/ sei exemplarisch erläutert, wie das komplizierte System der Markierung von Vokalquantität im Deutschen zustande kam. Im Mittelhochdeutschen sprach man die Wörter *Liebe* und *zehn* noch mit Diphthong [liəbə] und hörbarem /h/ als [tse:hən] aus. Durch die Monophtongierung wurde aus dem Dipththong [iə] ein langes [i:], [iəbə] zu [li:bə], bei *zehen* schwand das *h* und *e* wurde zu [tse:n] gedehnt. Die Zeichen <ie> und das geschwundene <h> wurden jedoch im Schreibsystem beibehalten und als Längemarkierung umgedeutet. <ie> wurde so zum generellen Zeichen für /i:/, auch in anderen Wörtern, die eine Vokaldehnung erfahren hatten wie z.B. mhd. *rise* (jetzt nhd. *Riese*), mhd. *vride* (jetzt nhd. *Friede*). Das Dehnungs-h, das seinen Ursprung in einigen Fällen von h-Schwund hat, wurde zur häufigsten Markierung aller Langvokale.

Auch die typisch deutsche Kürzemarkierung durch Doppelkonsonanten (*hatte, Kette, Mitte, Gott, Hütte, Schutt* usw.) ist einem Lautwandel und folgender Umdeutung und Generalisierung gedankt. Der Ursprung der graphischen Geminaten liegt in der Abbildung langer, d.h. geminierter Konsonanten, wie es sie heute noch im Italienischen gibt. Sie wurden im Mittelhochdeutschen zu einfachen Konsonanten und vorausgehendem Kurzvokal vereinfacht. Die graphische Geminate wurde beibehalten und generell als Zeichen für vorausgehenden Kurzvokal gedeutet. Fazit: Lautwandel und Schreibkonstanz führen zur Umdeutung des Verhältnisses von Lauten und Schriftzeichen. In der Folge können diese neuen Laut-Buchstaben-Regeln generalisiert werden. Konkurrierende Prozesse führen dabei zu komplizierten Schreibregeln.

Grundzüge der deutschen Orthographie

(1) Von der Alphabetschrift zur Orthographie
Nicht die unzählbare Menge von Sprechlauten sondern die begrenzte Anzahl von Phonemen, d.h. der bedeutungsunterscheidenden Lautklassen, ist Gegenstand orthographischer Abbildung. Dies ist der eine Punkt, der alle Alphabetschriften von phonetischen Transkriptionen unterscheidet. Der andere betrifft das Verhältnis von Phonemen und Schriftzeichen. Orthographiereformer haben oft das Ziel eines sog.

1:1-Verhältnisses vor Augen, eben wie bei der IPA-Transkription. Dies gibt es in keiner bekannten Alphabetschrift. In der Regel herrschen hier verschiedene Formen der Komplexität und der Mehrwertigkeit. Komplex nennen wir Grapheme, die aus mehreren Zeichen bestehen wie die Digraphe <ie> für /i:/ und <ch> für /χ/ oder der Trigraph <sch> für /ʃ/.[10] Besonders häufig sind diese in Fremdwörtern wie z.B. *Team* (<ea> für /i:/) oder *Niveau* (<eau> für /o:/). Der Regelfall sind jedoch Monographe wie <d> für /d/, <a> für /a/ und <s> für /s/ im Wörtchen *das.* Wesentlicher und charakteristischer sind jedoch die beiden Formen der Mehrwertigkeit, die dem Ideal einer einfachen Orthographie entgegenstehen. Es geht um die Frage, welche und wie viele Möglichleiten es in einem Schriftsystem gibt, ein Phonem wiederzugeben bzw. umgekehrt, auf wie viele Phoneme sich ein Schriftzeichen beziehen kann. Der erste Punkt nimmt die Position des Schreibers ein, der zweite die des Lesers. So kann das Zeichen <i> sowohl kurzes /i/ z.B. bei *in, bin, hin* oder langes /i:/ bezeichnen wie in *Bibel, Maschine.* Andererseits kann z.B. langes /i:/ durch <i>, <ih>, <ie>, <ea>, <ee>, <ey><it> in *Bibel, ihm, Biene, Team, Teenager, Hockey, Esprit* wiedergegeben werden. Dabei ist es offenbar viel leichter, diese verschiedenen Zeichen für /i:/ lesend zu erkennen als umgekehrt zu wissen, wann wir als Schreiber welche Zeichen für /i:/ einsetzen müssen. Lesen ist leichter als Schreiben. Diese Asymmetrie war schon immer Ausgangspunkt für Rechtschreibreformen. Sie zeigt bereits auf phonologisch-graphematischer Ebene, wir sehr unsere Orthographie in erster Linie leserorientiert ist.[11]

Dank der Erfindung des Buchdrucks und insbesondere der massenhaften Verbreitung von Flugblättern und religiösen Schriften in der Reformation entstanden erstmals überregionale Kommunikationsgemeinschaften, in denen wenige

Schriftkundige große Lesermassen erreichten. Die Medienrevolution führte dazu, dass die mittelalterliche Praxis primär lautbezogener, dem Gehör folgender Verschriftung wesentlich erweitert wurde um Unterscheidungen auf morphologischer, syntaktischer und semantischer Ebene.[12] Damit wird das Grundprinzip der Alphabetschrift, die Phonem-Graphem-Beziehungen, mit unterschiedlichen Mitteln überlagert und ergänzt. Am auffälligsten ist hier die Beibehaltung gleicher Wortschreibung in einem Flexions- und Wortbildungsparadigma, trotz lautlicher Abwandlung. Man vergleiche *Liebe, lieb, lieblich* mit [li:bə], [li:p], [li:plıç], dazu Näheres unter (2). Unter Nutzung zweier Zeichenreihen, der Minuskeln und Majuskeln, werden im Deutschen neben Satzanfängen und Eigennamen alle Substantive und Substantivierungen großgeschrieben, eine textuelle, syntaktische und semantische Markierung, Näheres dazu unter (3). Schon in der Frühzeit der Schriftgeschichte wurden Spatien zur Hervorhebung der Wortgrenzen eingeführt. Sie sind heute ein differenziertes Instrument, Komposita von gleichlautenden Syntagmen zu unterscheiden: das umstrittene Gebiet der sog. Getrennt- und Zusammenschreibung, Näheres dazu unter (4). Nur unsystematisch werden Homonyme durch die Ausnutzung graphemischer Mehrwertigkeit unterschieden wie in *Moor* und *Mohr, wieder* und *wider, Meer* und *mehr, das* und dass (früher *daß*). Am auffälligsten und allen modernen Alphabetschriften gemeinsam sind die sog. Satzzeichen Punkt, Komma, Fragezeichen, Ausrufezeichen, Bindestrich, Anführungszeichen usw. Sie wurden noch 1901 garnicht zur Rechtschreibung gezählt, machen aber im jüngsten deutschen Regelwerk 45 §§ auf 36 Seiten aus. Ihr Name ‚Satzzeichen' charakterisiert sie richtig als Markierungen meist syntaktischer Phänomene.[13] Es liegt auf der Hand, dass diese hochgradige Verdichtung und Normierung des Schriftcodes dem Zweck dient, komplexe Sachverhalte möglichst eindeutig zu übermitteln. Das lesende Erfassen wird durch zusätzliche Markierungen und Zeichen auf allen Sprachebenen optimiert. Der Erleichterung der Informationsentnahme steht aber eine entsprechende Erschwerung des Inputs, der regelhaften Kodierung, gegenüber. Hier setzt der Konflikt um die Rechtschreibreform an.

(2) Morphologie mit phonographischen Mitteln
Man nennt es ‚Stammschreibung', ‚Morphemkonstanz' oder ‚morphologisches Prinzip': die Regel, dass die Grundeinheiten des Lexikons, die Stämme (oder Grundmorpheme) immer gleich geschrieben werden, auch wenn sie lautlich abgewandelt sind. Es geht vor allem um die Ignorierung der Auslautverhärtung, die Umlautschreibung und die Kürzemarkierung. Sie treten so häufig auf, dass sie einen charakteristischen Grundzug der deutschen Rechtschreibung darstellen. Die sog. Auslautverhärtung, d.h. der Stimmtonverlust von Verschluss- und Reibelauten im Auslaut, erfasste im Übergang zum Mittelhochdeutschen den gesamten deutschen Wortschatz. Entsprechend schrieb man z.B. mhd. *liep*, *burc* und *velt,* dagegen in anderen Paradigmaformen *liebe, burgen, velder.* Das entsprach einer am Hören orientierten Schreibung. In der Übertragung der b/d/g-Schreibung auf alle Paradigmen der Flexion und der Wortbildung, z.B. in *lieb, liebte, lieblich, Liebschaft* usw., wird eine Ausrichtung auf den Leser vollzogen. Dieser erkennt nun am gleichen Schriftbild den semantischen Kern *lieb-* in allen Formen. Phonologisch lässt sich dieser Vorgang so deuten: durch die Neutralisation der Opposition stimmhaft/stimmlos im Wort- und Silbenauslaut ist auch eine graphische Markierung überflüssig geworden. So konnten die Zeichen für stimmhafte Obstruenten im gesamten Paradigma umfunktioniert werden für eine morphologisch-lexikalische Information.

Graphische Morphemkonstanz wird auch erreicht durch die Übertragung von Doppelkonsonanten auf das ganze Paradigma. Im Mittelhochdeutschen schrieb man noch *stam* und *stammes* (Genitiv), *wil* (1. Pers. Sg.) und *wellen*, im Neuhochdeutschen *Stamm* und *Stammes*, *will* und *wollen.*

Ein ähnlicher Fall sind die Umlautschreibungen wie *lang/Länge/länglich, Haus/Häuser/häuslich.* Der Umlaut von /a/ zu /e/ bzw. von /ao/ zu /oi/ wird mit den graphisch ähnlichen Zeichen <ä> und <äu> wiedergegeben. Dies ist regelhaft im Flexionsparadigma durchgeführt, bei Wortbildungen nur, wo diese als durchsichtig gelten. Dies ist z.B. nicht der Fall beim Wort *Eltern*, ursprünglich von der Adjektivform *älter* abgeleitet. Eifrige Orthographiereformer haben hier einige verblasste Beziehungen wiederbelebt wie *behände* (zu *Hand*), *verbläuen* (zu *blau), gräulich* (zu *Grauen*), dabei jedoch übersehen, dass es daneben viele unmotivierte *ä*-Schreibungen gibt wie *Dämmerung, grässlich,* ganz abgesehen von Entlehnungen wie *März, Präsident* und *Ästhetik,* die garnicht in das Schema der Stammschreibung passen. An diesem Randbereich der Rechtschreibreform ist gut erkennbar, dass viele Regeln einen zentralen Kern und eine lockere Peripherie haben. Es ist aussichtslos, hier eine strikte Systematisierung einzuführen.

(3) Großschreibung und Kleinschreibung

Unsere Majuskeln und Minuskeln gehen zurück auf eine unterschiedliche Schreibpraxis der Römer: Großbuchstaben (lat. *Capitalis*) dienten für Inschriften auf Stein, Ton, Metall. Die Kleinbuchstaben haben ihren Ursprung in einer Gebrauchsschrift, dem Schreiben mit Griffel auf Wachstäfelchen, die z.B. der Aufzeichnung von Zeugenaussagen dienten. Sie wurden Vorbild der Einheitsschrift Karls des Großen, der sog. karolingischen Minuskel. Die Humanisten hielten diese für die klassische Lateinschrift, nannten sie *Antiqua* und verknüpften sie mit den Großbuchstaben der lat. Monumentalschrift zu einem Doppelsatz des Alphabets. Unsere Regeln der Groß- und Kleinschreibung sind eine Funktionalisierung dieser beiden Buchstabenvarianten.

In den meisten Orthographien werden Satzanfänge und Eigennamen großgeschrieben. Das Deutsche hat diese Praxis zu einem Sonderweg, der Großschreibung von Substantiven und Substantivierungen, weiterentwickelt. Schon die Wittenberger Bibel von 1543 zeigt einen Majuskelgebrauch, der unserer Großschreibung nahekommt. Die Luther-Bibel, dies über Jahrhunderte meistgelesene deutsche Buch, könnte Vorbild für den Sonderweg unserer Orthographie geworden sein.[14] Ziel der Rechtschreibreform war es ursprünglich, die international übliche, sog. ‚gemäßigte Kleinschreibung' einzuführen. Nachdem die KMK diesen erheblichen Eingriff in die traditionelle Rechtschreibung verworfen hatte, suchten die Reformer einen anderen Ausweg für eine Systematisierung: die vermehrte Großschreibung.

Wo steckte das Problem der bisherigen Regeln? Warum sollte hier eigentlich reformiert werden? Der Kern der Großschreibung ist einfach und leicht zu erlernen: Außer den Substantiven werden auch die sog. Substantivierungen großgeschrieben wie z.B. *das Lernen, das Für und Wider, das Blau* (*des Himmels*). Diese Wörter, ursprünglich Verben, Adverbien oder Adjektive, erhalten dabei Eigenschaften von Substantiven: ein Genus, das charakteristische Merkmal der Substantive, außerdem sind sie attribuierbar (*das sommerliche Blau des Himmels*). An der Großschreibung erkennt der Leser sofort den Kern der Nominalgruppe, eine Erleichterung bei der Sinnerfassung komplexer deutscher Sätze. So argumentieren die Verteidiger der Großschreibung. Deren Vorzüge bemerkt mancher erst, wenn sie beseitigt wurde, wie z.B. im

Deutschen Wörterbuch der Brüder Grimm.[15] Das Problem der Großschreibregeln liegt woanders, beim Gegenstück der Substantivierung, dem ‚Verblassen' substantivischer Eigenschaften, wie es in den früheren Duden-Regeln hieß. So ist z.B. aus dem Substantiv *Schuld* ein Adjektiv geworden in der Wendung *er ist schuld,* ohne Genus und nicht attribuierbar und darum klein zu schreiben. Ähnliches galt bisher für adverbiale Wendungen wie *im übrigen, des öfteren, im allgemeinen.* Pronominal gebraucht und darum klein zu schreiben sind auch Wendungen wie *ein bisschen, ein wenig, der eine, der andere.* Und wie steht es mit *heute abend?* Schon adverbiale Wendung oder noch Apposition mit dem Substantiv *Abend?* Wir begegnen hier einem unmerklichen Sprachwandel, der seine Spiegelung in der Rechtschreibung sucht.[16] Die Vorzüge der Großschreibung erkennt man auch an mehrteiligen festen substantivischen Ausdrücken wie *Erste Hilfe, Inoffizieller Mitarbeiter, Islamischer Staat,* die eine eigene Bedeutung besitzen. Das prominenteste Beispiel eines sog. Nominationsstereotyps ist der *Heilige Vater,* den großzuschreiben ein Kultusminister durchgesetzt hat.

(4) Getrennt- oder Zusammenschreibung

Unter dieser sperrigen Bezeichnung verbirgt sich ein zentraler Punkt der Rechtschreibung: die Markierung von Wortgrenzen durch eine Schreiblücke, heute die Leertaste. Dies tauchte allerdings bis Ende des 19. Jahrhunderts in keiner Rechtschreiblehre auf, man hielt es für eine leichte Aufgabe der Drucker. Erst über den Buchdruckerduden (1903) geriet es in die Duden-Regeln. In der Tat ist die Frage, was ein Wort ist – einfach oder als Produkt einer Wortbildung – leicht zu erkennen. Schreibprobleme bereiten dagegen zwei zusätzliche Möglichkeiten der Wortschatzvermehrung, die wenig systematisch auftreten: Univerbierung und Inkorporation (als ‚Ein-Wort-Werdung' bzw. ‚Einverleibung' übersetzbar).[17] Im ersten Fall geht es um Konjunktionen wie *nachdem, sodaß, wobei* oder Präpositionen wie *aufgrund, infolge, stattdessen*, die aus syntaktischen Konstruktionen (*nach dem, in Folge*) zusammengerückt sind. Der zweite Fall ist vielfältiger: Verben wie *zusammenkommen, wiedervereinigen*, in denen Adverbien als Präfixersatz dienen; Verben, wie *kaltstellen, saubermachen*, die das Prädikativ eines Objekts (*die Suppe) kalt- (stellen*) in sich aufnehmen; Partizipien, die sich ihr Objekt einverleiben wie *gewinnbringend, ratsuchend* (aus *Gewinn bringen, Rat suchen*) und Adjektive, die ihr Adverb aufnehmen wie *schwerbehindert, halbgar, hochbetagt.* Die Übergänge von syntaktischen Konstruktionen (getrennt geschrieben) zur Inkorporation (zusammengeschrieben) sind oft erst erkennbar, wenn das neue Wort eine eigene Bedeutung erlangt hat. Systematisierer unter den Rechtschreibreformern haben anfangs eine generelle Getrenntschreibung durchgesetzt. Sie widersprach ganz offenbar einem verbreiteten Sprachgefühl und wurde nach 10 Jahren (2006) durch den Rechtschreibrat wieder abgewiesen.[18]

Fazit

Die Durchsetzung der Rechtschreibreform von 1996 war ein Erfolg professioneller Zusammenarbeit von Kultusbeamten der deutschsprachigen Länder. Die Reform ist dennoch gescheitert, weil das Ziel einfacheren Schreibens völlig verfehlt wurde. Wesentliche Reformziele (Kleinschreibung, Vokallänge) wurden schon frühzeitig aufgegeben, andere später korrigiert, um dem Widerstand in der Sprachgemeinschaft entgegenzukommen. Rückblickend ist erkennbar: der Flickenteppich der Laut-Buchstaben-Beziehung unserer historisch gewachsenen deutschen Rechtschreibung ist nicht korrigierbar, ohne das gesamte Schriftbild wesentlich umzugestalten. Dies wird, vor allem von den aktiven Trägern der Schriftkultur, entschieden abgelehnt.

Die kritische Auseinandersetzung mit der Rechtschreibreform, aber auch die Vorlagen der Reformer haben das Wissen um die Komplexität und Leistungsfähigkeit unserer Orthographie wesentlich gefördert. Die Gesamtheit der Sprache, vom Laut bis zum Text, wird mit orthographischen Mitteln abgebildet. Dabei sind die Laut-Buchstaben-Regeln eine (systematisch betrachtet) defekte, zugleich aber unveränderbar stabile Basis. Andere Regeln, insbesondere zur Großschreibung und Zusammenschreibung, sind flexibel und geeignet, die Schreibung an den Sprachwandel anzupassen. Dies ist ein Vorzug, der nicht durch bürokratische Schreibvorschriften beeinträchtigt werden darf. Denn die Orthographie ist nicht für Schüler gemacht und von Schulministerien zu verwalten, sie gehört der ganzen Sprachgemeinschaft.

6.

Was Gendern mit Rechtschreibung zu tun hat – und was nicht

Rechtschreibreform und Gendern

Was hat das Gendern mit der Rechtschreibreform zu tun? Sind es nur die neuen Regeln mit Genderstern, Tiefstrich oder Doppelpunkt? Keineswegs. Ein Blick in die Vergangenheit zeigt weitere Parallelen. Vielleicht können wir daraus lernen, was uns droht und wie wir es vermeiden können.

Die Älteren werden sich an die heißen Debatten um Kleinschreibung und Großschreibung, um das Verschwinden des *ß*, an die Leiden von Lehrern und Schülern erinnern. Das ist die auffälligste Parallele: eine hitzige öffentliche Kulturdebatte, die sich in allen Medien, in ungezählten Leserbriefen, auch in Gerichtsurteilen niederschlug. Eine zweite Parallele liegt in der jahrzehntelangen Dauer der Auseinandersetzung um Bewahrung oder Reform der deutschen Rechtschreibung. Ums Gendern wird immerhin seit Luise Puschs provokanter Schrift vom Deutschen als Männersprache gestritten. Eine dritte Gemeinsamkeit ist der hohe sozialpolitische Anspruch beider Reformbewegungen. Hier das Versprechen, Lernen und Lehren der deutschen Rechtsschreibung wesentlich zu erleichtern, dort der Wunsch nach Gerechtigkeit im Verhältnis der Geschlechter. Keine Reform ohne wissenschaftliches Fundament. Auch darin ähneln sich – Punkt vier – die Debatten, wobei Sprachwissenschaftler mit Pro und Contra auf beiden Gebieten miteinander ringen. Allerdings sind in beiden Fällen die Verteidiger der geltenden Norm die aktiveren. Und schließlich geht es – Punkt fünf – um neue Regeln der Schriftsprache. Dabei gingen der Rechtschreibreform im Laufe der Debatte die wichtigsten Ziele verloren, auch beim Gendern werden zunehmend kleinere Brötchen gebacken. Ein Hornberger Schießen? Es lohnt, auf die einzelnen Parallelen einzugehen. Sie geben Aufschluss über unseren Umgang mit dem besten, was die Deutschen besitzen: ihre Sprache.

Kulturdebatte

Was ist eine Kulturdebatte? Der Begriff ist im Deutschen nicht geläufig. Das mag dazu beigetragen haben, dass Bedeutung und Brisanz dieses Phänomens verkannt werden. Das Besondere ist der Gegenstand. Er spielt im Wettstreit der Parteien, im Wahlkampf und in unseren parlamentarischen Gremien nur eine untergeordnete Rolle. Wir besitzen keine nationale Akademie. Alles Kulturelle, vor allem Schulen, Hochschulen, Theater, Opernhäuser usw., das wird in Ländern und Kommunen verwaltet. Anders zum Beispiel die Debatte um das Heizungsgesetz oder die Migration. Das sind große Themen der Bundespolitik. Weder die Rechtschreibreform noch das Gendern haben es bisher auf dies Niveau gebracht. Eben darum entfaltet sich die Auseinandersetzung eher abseits der Politik und wird hier umso heftiger. Charakteristisch dafür sind neue Bürgerbewegungen, damals der Protest von Schriftstellern, Lehrern an Schulen und Hochschulen, von Verlagen und einer aktiven Zeitungsleserschaft – organisiert von dem Weilheimer Studienrat Friedrich Denk. Beim Gendern führt der Verein Deutsche Sprache den Protest an, ursprünglich von Walter Krämer gegründet als Widerstand gegen ein Übermaß von Anglizismen im Deutschen. Sind solche anhaltenden Proteste nicht lebendige Demokratie? Gewiss. Aber eines gehört auch dazu: ihre geringen Erfolgsaussichten. Die Rechtschreibreform wurde von den Kultusministern gegen alle Proteste durchgezogen, ein politischer Erfolg, in der Sache aber ein völliges Desaster. So bekannte der ehemalige bayrische Kultusminister und spätere Vorsitzende des Rechtschreibrates „Das sollte nie wieder vorkommen, die Lektion haben wir alle gelernt". Diese Einsicht sollte mahnen, solche Debatten ernster zu nehmen. Wo das Gendern endet, wissen wir noch nicht. Doch zeichnet sich eine Parallele ab. Es sind die Institutionen, städtische Behörden, Hochschulen, staatlich geförderte Medien, vereinzelt auch große Unternehmen, die durch sogenannte Empfehlungen zum Gendern aufrufen. Ein Marsch durch die Institutionen. Kulturdebatten suchen sich unterschiedliche Wege. Sie schaffen eine öffentliche Stimmung mit Langzeitwirkung. Manchmal kommt ihr Erfolg zu spät. Dann geht es ums schwierige Reparieren. Führen wir den Vergleich weiter, mit einem Blick auf die Dauer der Reformbemühungen. Sie geben Aufschluss über den Rang eines Themas.

Ewiger Streit

Um eine Reform der Rechtschreibung wurde schon im 19. Jahrhundert gerungen. Zwei Rechtsschreibkonferenzen, 1876 und 1901, wurden ihr gewidmet. Die Debatte endete mit einem Kompromiss, den wir Konrad Duden verdanken. Eine Reform, wie sie schon Jacob Grimm verlangt hatte, war vertagt. Nach dem Zweiten Weltkrieg meldeten sich reformfreudige Germanisten erneut zu Wort. Ende der 80er Jahre gelang es dann dem Präsidenten des Mannheimer Instituts für deutsche Sprache, die Kultusministerkonferenz der Länder (KMK) für eine Rechtschreibreform zu gewinnen. Versprochen wurde eine grundlegende Systematisierung und wesentliche Vereinfachung der Schreibregeln. Das war verlockend. Die Kultusminister sahen sich als Verantwortliche für die

Schulen in die Pflicht genommen. Sie bildeten eine Kommission aus Beamten ihrer Ministerien, die über ein Jahrzehnt den Fortgang der Reform gesteuert und auf der Wiener Konferenz von 1996 zum Abschluss gebracht hat. Für die konkrete Ausarbeitung der Reform hatten die vier deutschsprachigen Staaten, die BRD, die DDR, Österreich, die Schweiz eigene wissenschaftliche Kommissionen eingerichtet. Schon ihr erster gemeinsamer Entwurf von 1992 rief Empörung hervor. Und als die ersten neuen Wörterbücher erschienen und das ganze Ausmaß der Änderungen offenbarten, begann der öffentliche Aufstand. Das Programm der Reform war jedoch im Laufe der Beratungen und Auseinandersetzungen erheblich geschrumpft. Als erstes fiel ein Kernpunkt, die Beseitigung der Vokallänge- und Diphthongbezeichnungen (Doppelvokal, Dehnungs-h, unmarkiert, ai und ei). Das hatte schon der Barockdichter Philipp von Zesen verlangt, dann Jacob Grimm und auch die erste Berliner Rechtschreibkonferenz. Praktisch hätte das zu erheblichen Änderungen im Schriftbild geführt (Leserbriefe witzelten: *Der Keiser hat einen Al im Bot*). Dies wurde stillschweigend storniert. Der andere Hauptwunsch aller Rechtschreibreformer war die Beseitigung der spezifisch deutschen Substantiv-Großschreibung. Alle Mitglieder der vier Rechtschreibkommissionen waren dafür (mit meiner Ausnahme). Auch hier schreckten die Kultusminister zurück. Die Reformer mussten einlenken und machten eine verhängnisvolle Kehrtwende zu vermehrter Großschreibung. In dem Zuge zerstörten sie die bewährte Getrennt- und Zusammenschreibung. Die Politiker wollten endlich ein Ergebnis, die versprochene Reform, wie auch immer, und setzten sie mit deutscher Gründlichkeit durch. Doch keines der versprochenen Ziele wurde erreicht, der Schaden wirkt bis heute nach. Zur Reparatur und künftigen Pflege richtete die KMK 2004 einen international besetzten

Rat für deutsche Rechtschreibung ein. Er hat auch zur Gender-Schreibung Stellung genommen.

Auch das Gendern, der Kampf um die Gleichberechtigung der Geschlechter in der Sprache, ging von Sprachwissenschaftlern aus. Legendär ist die Schrift ‚Das Deutsche als Männersprache' (1984) von Luise Pusch. Ihr ist es gelungen, ein eingängiges Narrativ in der Öffentlichkeit bekannt zu machen: Frauen würden im generischen Maskulinum ‚nur mit gemeint'. Vor allem der Plural von Personenbezeichnungen, z.B. *die Journalisten,* bevorzuge die männlichen Berufsvertreter. In der Tat erlaubt der Generische Gebrauch eines Genus immer eine doppelte Sicht. Das gilt für Menschen wie für Tiere. *Die Ente* kann zweierlei bezeichnen: die Gattung dieses Wasservogels oder das weibliche Tier. Es kommt auf die Aussageabsicht, auf den Kontext an. Dies ist ein ökonomisches Verfahren, das sich über Jahrhunderte im Deutschen bewährt hat. Es ist nur durch erhebliche Eingriffe in grammatische Regeln zu korrigieren. Das Narrativ weiblicher Benachteiligung in der Sprache passt haargenau in den Kampf um die Gleichberechtigung der Geschlechter in Beruf, Einkommen und Alltag. Es basiert auf der These, dass die Sprache das Leben ihrer Sprecher präge. So könne eine Korrektur ‚ungerechter' Sprache zu mehr Gerechtigkeit führen. Schon Wilhelm von Humboldt hatte solche Folgerung aus dem Vergleich vieler Sprachen gezogen, bis heute hält die Debatte darüber an. Eine kurzgefasste Antwort dazu ist: nicht die Grammatik einer Sprache, aber ihre Lexik kann solche Wirkung haben.

Verfolgen wir die zeitliche Entwicklung beider Debatten, um die Rechtschreibreform und ums Gendern, so sieht man Ähnlichkeiten. Der Umfang der Reformwünsche zur Rechtschreibung wurde bis auf Unwesentliches reduziert (z.B. den Ersatz von ß durch ss). Auch beim Gendern wächst die Verwendung der sogenannten Beidnennung (*Journalisten und Journalistinnen*) in Konkurrenz zum Genderstern (*Journalist*innen*). Das Ausweichen auf Partizipien bleibt auf wenige Fälle wie *die Mitarbeitenden, die Forschenden, die Lehrenden und Lernenden* beschränkt. Am Ende wird die Politik eine Entscheidung treffen. Die KMK dürfte hier der Empfehlung des Rechtschreibrates folgen.

Moralischer Anspruch

Eine dritte Parallele besteht in der sozialpolitischen und moralischen Begründung beider Reformen. Die Rechtschreibung galt wegen ihrer Überregulierung im Duden als Stolperstein im Schulalltag und darüber hinaus als fragwürdiges Mittel beruflicher Auslese. Eine Reform, so wurde den Kultuspolitikern von eifrigen Sprachwissenschaftlern und Didaktikern versprochen, könne Lehren und Lernen des Schreibens leichter machen. Vor allem den sogenannten Wenigschreibern helfe es, die Schriftsprache zu erlernen. Das waren sozialpolitische Versprechen. Im übrigen sollte es die Kultusminister wenig kosten, da sich die Antragsteller bereit erklärten, die Arbeit umsonst zu leisten. Nur die Reisekosten ihrer regelmäßigen Treffen waren zu bezahlen. Auch das ist eine Besonderheit von Sprachreformen: Sie sind zunächst kostengünstig für ihre Befürworter.

Beim Gendern sehen wir die Einbettung in eine internationale feministische Bewegung, welche die Gleichberechtigung der Geschlechter auf ihre Fahnen geschrieben hat. Es ist in vielen Sprachgemeinschaften gelungen, dies für eine aktive Sprachpolitik zu nutzen. Letztlich offenbart sich hier ein elementarer Wertekonflikt: auf der einen Seite Bewahrung von Gestalt und Einheit der Sprache, diesem elementaren Gemeinschaftsgut einer Sprachgemeinschaft, auf der anderen Seite Korrektur mit sozialpolitischem Ziel. Oft wird diese

Debatte mit großen Schlagworten geführt, ohne sachbezogene Argumentation. Das macht die Sache so irrational. Darum sei ein letzter vergleichender Blick auf die Rolle der Sprachwissenschaftler gelenkt. Sie waren auf der einen Seite die Initiatoren von Reformen, auf der anderen Seite deren Kritiker.

Die Rolle der Sprachwissenschaft

Die Rechtschreibung war seit der Einigung von 1901 kein Thema der Sprachwissenschaft. Erst in den 80er Jahren hatte sich jedoch zur Vorbereitung eines HSK-Handbuchs zu Schrift und Schriftlichkeit (1994/1996) ein Kreis von Schriftforschern gebildet. Von ihnen kam entschiedener Widerstand gegen die Pläne einer Rechtschreibreform. Dies wurde öffentlich sichtbar bei der Bonner Anhörung zur Rechtschreibreform im Mai 1993. Einer der entschiedensten Gegner der Reform war damals Peter Eisenberg, der – keine zufällige Parallele – später auch dem Gendern den Kampf angesagt hat. Trotz der Beteiligung vieler Sprachwissenschaftler hat es in der Bundesrepublik keinerlei öffentliche Förderung für die Erforschung der Rechtschreibung gegeben. Es gab kein DFG-Projekt, keinen Antrag bei den großen Stiftungen, um die Mängel der geltenden Regelung, die Möglichkeiten der Reform und deren Folgen für Schulen, Verlage, Bibliotheken zu eruieren. Dagegen wurde dem Thema in der damaligen DDR große Aufmerksamkeit geschenkt, angeblich mit dem Hintergedanken, der DDR eine eigene bessere Verschriftung zu bescheren. Dieter Nerius, der sich schon in seiner Habilitationsschrift von 1975 mit der Reform befasst hatte, konnte mit erheblichen öffentlichen Mitteln eine Arbeitsgruppe aufbauen, in der für alle zentralen Themen der Rechtschreibung konkrete Vorschläge gemacht wurden. Vieles davon ging in die ersten Beratungen des Internationalen Arbeitskreises aus den vier Staaten ein. Nach der Wende, dem Beitritt der ostdeutschen Länder zur BRD, verlor die DDR-Arbeitsgruppe ihr Gewicht, das Mannheim IDS prägte nun die Ausarbeitung der Reform. Mit den bekannten Folgen.

Auch das Gendern ist von seinen Befürwortern wissenschaftlich unterlegt worden. Deren psycholinguistischen Argumenten haben vor allem angesehene Grammatiker und Sprachhistoriker widersprochen. So wurde das generische Prinzip im Deutschen erstmals umfassend beleuchtet. Unter den Befürwortern des Genderns überwiegen die Wissenschaftlerinnen, unter den Gegnern die männlichen Fachvertreter. Auch in der Praxis, sei es in Talkshows oder Nachrichten, bekennen sich vor allem Frauen zum Genderprinzip, manchmal mit jenem kleinen Hick, der das Gendersternchen symbolisieren soll. Auch in Hochschulen und Behörden breitet sich, betrieben von (meist weiblichen) Gleichstellungsbeauftragten, ein Reformgrundsatz aus: die Vermeidung des generischen Maskulinums.

Im Gegensatz zur Rechtschreibreform hat das Gendern mit den Jahren auch eine politische Dimension erhalten, die Demonstration fortschrittlicher (meist linker) Gesinnung. Die Partei Bündnis 90/die Grünen hatte in ihrem Wahlprogramm den Genderstern zur Pflicht gemacht. Er ist Teil ihrer feministischen Ausrichtung. Dagegen wendet sich besonders die CSU. Die bayerische Staatsregierung hat das Gendern in Behörden, Schulen und Hochschulen untersagt. Entschiedenen Widerstand leistet auch die AfD. Im Vergleich zu den Themen Migration, Inflation und Heizungsgesetz spielen Politiker jedoch das Gewicht des Genderns eher herunter, ein typisches Phänomen einer Kulturdebatte.

Interessant ist hier ein scheinbarer Nebenaspekt. In der Debatte um die Berechtigung einer Rechtschreibreform hieß es immer: das gilt nur für Schulen und Behörden. De facto konnten sich, wie wir heute wissen, die Zeitungen und Verlage dieser amtlichen Vorgabe nicht entziehen. Was angeblich nur für die Amtsbereiche der Kultusminister verpflichtend war, mussten auch sie alsbald übernehmen. Einen ähnlichen Weg suchen die Befürworter des Genderns. Jeder, so heißt es, könnte natürlich schreiben, wie er wolle. Doch sogenannte ‚Empfehlungen' für Behörden, Schulen und Universitäten sind dabei, den Weg für eine generelle Umstellung des Schriftverkehrs auf Gender-Schreibungen vorzubereiten. Der Rat für deutsche Rechtschreibung solle dann prüfen, wie weit die Praxis fortgeschritten sei. Ihm kommt die Aufgabe zu, alle Folgen solch aktiver Sprachpolitik zu prüfen, insbesondere die Umsetzung in der Gesetzes- und Behördensprache und für den Sprachunterricht. Letztlich ist natürlich auch zu prüfen, ob solch außerordentlicher Aufwand überhaupt den gewünschten sozialpolitischen Effekt erzielen kann. Bei aller Wertschätzung des Rechtschreibrates, ist außerdem daran zu erinnern, dass die KMK, der er zuarbeitet, kein Verfassungsorgan ist, nur eine Koordinierungsstelle der Kultusminister. Diese umgeht mit ihren Beschlüssen den Weg parlamentarischer Beratung in Bund in Ländern, wie er allen normalen Gesetzen zuteil wird.

Neue Rechtschreibregeln?

Abschließend ist ein Schnittpunkt beider Themen zu besprechen, das Gendern als neue Rechtschreibregel. Das Gemeinsame ist hier zugleich das, was sie trennt: Sternchen, Doppelpunkt und Tiefstrich stehen auf jeder Schreibtastatur, es sind Sonderzeichen für verschiedene Aufgaben und gehören damit im weiteren Sinne zum Zeicheninventar schriftlicher Kommunikation. Allerdings tauchen sie in den Regeln zur Wortschreibung gar nicht auf, sie sind Randphänomene des Schreibens, die nicht jeder braucht. Ganz anders beim

Gendern. Diese Zeichen werden jetzt gegen alle Regeln der normierten Rechtschreibung im Wortinneren eingesetzt als *Bürger*innen, Bürger:innen* oder *Bürger_innen* – und zwar bei allen Personenbezeichnungen. Auf diese Weise soll systematisch das Generische Maskulinum, die neutrale geschlechtsunspezifische Form *Bürger,* ersetzt werden. Die Zeichen sollen in ihrer neuen Verwendung eine ideologische Botschaft vermitteln: die Gleichberechtigung der Geschlechter in der Sprache. Dies geschieht nicht nur mit den drei Sonderzeichen sondern auch durch einen Trick: die Pluralendung *-innen*, die ja im System der deutschen Wortbildung weiblichen Personen vorbehalten ist, soll jetzt generisch, also für beide Geschlechter, verwendet werden. Stern, Doppelpunkt oder Unterstrich sind die Signale dieser grammatischen Umpolung. Diese besondere Funktion, der Verwendungszwang für alle Personenbezeichnungen und die Position der Zeichen im Wortinneren – das sind die Merkmale dieser Form des Genderns. Mit der vertrauten Rechtschreibung hat dies nichts gemein.

Die Konstruktion einer neuen generischen Form hat aber weitere einschneidende Folgen für einen zentralen Bereich der deutschen Grammatik: die Kongruenz in Numerus und Genus, welche zwischen Artikeln, Pronomen und Adjektiven und ihrem Bezugssubstantiv besteht. Dazu nur ein einfaches Beispiel. Der bekannte Satz aus der Pharmaziewerbung ‚*Zu Risiken und Nebenwirkungen lesen Sie die Packungsbeilage und fragen Sie ihren Arzt oder Apotheker* ist gendermäßig so umzuformen: *Zu Risiken und Nebenwirkungen lesen Sie die Packungsbeilage und fragen Sie ihren/ihre Ärzt*in oder Apotheker*in.* In Stellenanzeigen findet sich eine Flut solcher Doppelungen von Artikeln und Pronomen – eine erhebliche Verschlechterung des Lesens und Schreibens. Kritiker sehen darin eine Sprachverhunzung. Inzwischen ist auch dieser

Werbespruch ins Visier der Gender-Vertreter geraten. Er wurde etwas umständlich umformuliert. Jetzt soll man *Arzt oder Ärztin* fragen oder *in der Apotheke*. Das Generische Maskulinum ist umgangen, aber auch die radikale Genderform.

Ähnliche Vorwürfe, wie sie heute dem Gendern gelten, begegneten schon der Rechtschreibreform. Diese hat als erster Theodor Ickler in seiner Schrift ‚Die sogenannte Rechtschreibreform. Ein Schildbürgerstreich' (1997) formuliert. Aus heutiger Sicht lassen sich die Fehler der Rechtschreibreform auf einen Punkt bringen: Die gewünschte Vereinfachung der beiden Hauptbereiche Groß- und Kleinschreibung sowie Getrennt- und Zusammenschreibung zu vermehrter Groß- und Getrenntschreibung widerspricht Tendenz und Dynamik der Sprachentwicklung. Es geht dabei um Vorgänge der Univerbierung und Inkorporation, vereinfacht gesagt, der Bildung von Wörtern aus syntaktischen Konstruktionen. Dazu nur zwei Beispiele. Aus dem Ausdruck *schwer behindert* (Adverb + Partizip) ist das neue Adjektiv *schwerbehindert* geworden, ein sozialpolitischer Fachbegriff. Im Partizip *gewinnbringend* ist das Objekt in der Wendung *einen Gewinn bringen* inkorporiert. Die Zusammenschreibung bringt jeweils die neue Worteinheit zum Ausdruck. Auch Groß- und Kleinschreibung sind dynamische Mittel, Sprachwandel in der Schreibung anzuzeigen. Nehmen wir ein drastisches Beispiel: das Schimpfwort *Scheiße* wird neuerdings auch als adjektivisches Prädikativ gebraucht und dann kleingeschrieben: *es geht mir scheiße.* (Vergleiche *ich bin schuld, es tut mir leid*). Umgekehrt entstehen neue feste Ausdrücke wie *Inoffizieller Mitarbeiter, Islamischer Staat, Generative Grammatik*, denen wir durch Großschreibung den Status einer phraseologischen Worteinheit geben.

Es war ein Generalirrtum der Rechtschreibreform, durch Festschreibungen wie *Rad fahrend* oder *es tut mir Leid* den dynamischen Tendenzen des Sprachwandels entgegen zu arbeiten.

Dies ist die entscheidende Parallele zwischen Rechtschreibreform und Gendern: die Festlegung auf sprachwidrige Regeln, begründet mit vermeintlichen sozialen Verbesserungen. Solche Missachtung der gemeinsamen Sprache hat den Widerstand in der Bevölkerung ausgelöst.

Gendern heute

Blicken wir abschließend auf die aktuelle Lage. Drei Punkte sind relevant: die wichtigsten Genderregeln, das Verhältnis von Sprechsprache und Schriftsprache und die Rolle der Politik.

1. Unter den vielen Vorschlägen, das Generische Maskulinum zu umgehen, hat besonders der Genderstern bei Personen- oder Berufsbezeichnungen (*Journalist*innen*) eine gewisse Verbreitung gefunden. Daneben werden gelegentlich Partizipien als Ersatz gebraucht. Wir kennen seit langem die *Vorsitzenden,* nun sind – vorallem im Umfeld der Universitäten – *die Studierenden*, *die Lehrenden, die Forschenden* und *die Mitarbeitenden* hinzugekommen. Eigentlich haben solche Partizipien eine spezifische Bedeutung, wie sie der Kontrast von *die Geflüchteten* und *die Flüchtenden* anzeigt. Die Neutralisierung dieser Funktion macht sie geeignet als geschlechtsunabhängige Bezeichnung. Um beiden Genderregeln auszuweichen, hat sich im öffentlichen Sprachgebrauch die Beidnennung verbreitet: *Bürger und Bürgerinnen.* Dies ist sprachgerecht und hat seinen Sinn, wo ausdrücklich Frauen und Männer angesprochen werden sollen. Wird es generalisiert, wie häufig zu beobachten, erscheint es als umständlich,

als Zugeständnis an die Genderforderung ‚niemals generisches Maskulinum'. Kurioserweise geht bei der höflich gemeinten Doppelung *Bürgerinnen und Bürger* das Suffix *-innen* oft verloren. Das hat einen sprachlichen Grund: das sogenannte Behaghelsche Gesetz. Danach geht bei solchen Reihungen das kürzere dem längeren voraus.

2. Genderstern, Unterstrich, Querstrich sind ausschließlich Erscheinungen der geschriebenen Sprache. Versuche, den Stern auch zu sprechen, wie dies einige Nachrichtensprecherinnen und Frauen als Talkshowgäste ausprobieren, stießen auf großen Widerspruch. Diese Innovation hat offenbar keine Chance. Damit droht bei Einführung von Genderschreibungen eine Spaltung von gesprochener Alltagssprache und Schriftsprache.

3. Im Laufe der Debatte ist Gendern zunehmend zum Politikum geworden, es trennt rechte und linke Parteien. Die Grünen sind entschiedene Genderer, die AfD der populistische Kritiker. Dies wiederum scheint die Parteien der Mitte von eindeutiger Stellungnahme abzuhalten. Große Erwartung richtet sich auf die Empfehlungen des Rechtschreibrates. Er hat sich bisher geweigert, Genderschreibungen anzuerkennen. Ihm obliegt es, die Einheit des Deutschen in vier Staaten zu bewahren, auch in Gesetzessprache und Sprachlehre. Dazu hat er sich auch an der Einschätzung der Bevölkerung zu orientieren. Sie spiegelt die Wertschätzung des größten gemeinsamen Besitzes, der deutschen Sprache. Dies hat unlängst ein Hochschullehrer in der Zeitschrift ‚Forschung und Lehre' lakonisch pointiert. Auf die Frage des Interviewers „Was ist des Guten zuviel?" antwortete er: „Die Reglementierung der Alltagssprache".

7.
Rechtschreib-Glossen

Libe Omi

So könnte ein typischer Bedanke-mich-Brief beginnen, nachdem die Mama gemahnt hat „Du musst Dich bei der Omi bedanken“ – in Familien halt, wo noch eine gewisse Dankeskultur gepflegt wird. Postkarten eignen sich dafür besonders (wenig Platz, zum Glück).

Hier geht es um die Rechtschreibung. Die Omi wird der Enkelin, resp. dem Enkel (aber meist sind es die Mädels, die noch schreiben) den Lapsus verzeihen. Wir aber fragen: ist es denn überhaupt einer? Wie erklärt sich *Libe Omi* statt *Liebe Omi*? Meine These lautet: Eigentlich hat das Kind Recht, denn es folgt der Generalregel, nach der wir die langen Vokale in der Rechtschreibung zumeist garnicht durch ein Längezeichen markieren, z.B. in Wörtern wie *haben, leben, Lüge, Bude, ledig* und *böse.* Auch die *Omi* gehört dazu. Beim Erlernen der Rechtschreibung orientiert man sich an solchen Vorbildern. Das hat die junge Briefschreiberin getan.

Bleibt die Frage: Wie kam es dazu, dass langes i – gegen die allgemeine Regel – fast immer als ‚*ie*‘ geschrieben wird? (Kurioserweise haben nur ein paar Fremdwörter wie *Maschine, Bibel, intensiv* einfaches i.) Dazu müssen wir einen Blick in die Sprachgeschichte werfen. Und das Wort *lieb* ist dafür ein gutes Beispiel. Im Mittelhochdeutschen wurde es mit Diphthong, also *i-e*, gesprochen, daher auch die Schreibung ‚ie‘. Als dieser Diphthong sich zu langem *i* wandelte, blieb die

Schreibung konstant und es entstand die Schreibregel: Lang *i* schreibt man ,ie'. Und diese neue Regel wurde auch auf andere Fälle von lang i angewandt, z.B. als das kurze i in mhd. *rise* gedehnt wurde. Deshalb schreibt man bis heute *Riese.*

Beide Beispiele illustrieren ein auffälliges Phänomen: Die Schreibung ist viel konservativer als die Lautung einer Sprache. Das belegen auch andere Fälle der Langvokalschreibung: Das Dehnungs-h entstand aus geschwundenem h (z.B. in mhd. [tsɛhən] zu nhd. [tse:n]) und als Kurzvokale in offener Silbe gedehnt wurden (mhd. [lɔbən] zu nhd. [lo:bən]). Etwas verallgemeinert können wir sagen: der große Umbau des mittelhochdeutschen Vokalsystems – vor allem durch Monophthongierung, Kürzung und Dehnung – ist die Ursache für die komplizierten Schreibregeln der Vokale im Deutschen.

Eigentlich, so können wir feststellen, macht unsere Briefschreiberin (unfreiwillig) nur, was vor ihr der Barockdichter Philipp von Zesen, die Brüder Grimm und die jüngsten Rechtschreibkommissionen vergeblich versucht haben: die deutsche Rechtschreibung an ihrer schwierigsten Stelle zu reformieren. Das sollten Lehrer wissen, wenn sie ihre roten Striche an den Heftrand malen.

garnicht

Ein Leser bemerkt, dass ich eine Duden-Regel missachte; „[ˊga:niçt] schreibt man gar nicht zusammen", das sage schon diese Volksschul-Eselsbrücke. War es ein Versehen? Nein, es war Absicht. Warum?

Weil ich *garnicht* für ein Wort halte mit eigener Bedeutung, fester Konstruktion und der typischen Erstbetonung von Zusammensetzungen. Semantisch ist das Wörtchen *garnicht* ein verstärktes Negationszeichen. Die Konstruktion nennt man Zusammenrückung. Nebeneinanderstehende Wörter, die syntaktisch verbunden sind, rücken zu einer Worteinheit zusammen. Dies findet seinen Ausdruck in der Erstbetonung der neuen Einheit. Das zweite Glied verliert gleichsam seine intonatorische Selbständigkeit, es wird herabgestuft zu einem abhängigen Element. Dies ist ein schleichender Prozess – von der syntaktischen Verbindung zur Wortbildung –, der oft lange Zeit keine eindeutige Zuweisung zulässt. Betroffen sind vorallem unflektierte Wörter. So sind in der Vergangenheit zahlreiche neue Adverbien wie *soviel*, *genauso*, Präpositionen wie *anstatt*, *mithilfe* und Konjunktionen wie *obwohl*, *trotzdem* gebildet wurden.

Schon Konrad Duden stellte in seinem epochemachenden ‚Vollständigen Orthographischen Wörterbuch' von 1880 *gar nicht* in die Nachbarschaft von *mitnichten* und *zunichte machen,* die man getrennt oder zusammenschreiben könne. *Garnicht* ist inzwischen, nach über 100 Jahren, dieser Tendenz gefolgt. Nur die Verwalter unserer Rechtschreibung haben es nicht bemerkt. Oder sie wollen von ihren starren Regeln nicht abgehen. Wir Sprachbenutzer haben die Freiheit, auch beim Schreiben unserem Sprachgefühl zu folgen. Das ist nicht nur erlaubt, sondern geboten, damit Rechtschreibung der Entwicklung der gesprochenen Sprache gerecht wird.

In einer benachbarten Sprache, die mehr gesprochen als geschrieben wird, im Jiddischen, gibt es – zur Charakterisierung von Personen – das Substantiv *Gornischt*. So berichtet mir ein Schweizer Leser. Das bestätigt Uriel Weinreichs ‚Modern English-Yiddish Yiddish-English Dictionary' (1956) unter dem Lemma *gornischt*. Und der Klezmer-Sänger Nizza Thobi singt: *Jiddisch is gornischt asoj schwer.* Ich kenne *gor-*

nischt als schlesisches Dialektwort, vielleicht die Quelle des jiddischen Wortes.

Und was ist mit der witzigen Eselsbrücke „[ˊga:niçt] schreibt man gar nicht zusammen“? Sie hat ausgedient. Sie war ein Versuch, das Sprachgefühl durch Regellernen zu ersetzen. Das tut der Ehe von Sprechen und Schreiben nicht gut.

Heiliger Vater

Dies ist bekanntlich die pietätvolle Anrede und Bezeichnung des Papstes in der christlichen Welt. Sie war vor Jahren Anlass einer kurzen Kontroverse um die Rechtschreibreform. Der bayerische Kultusminister war empört, als er erfuhr, dass auch dieser Ausdruck umgeschrieben werden solle. Künftig müsse es *heiliger Vater* heißen, nach der neuen Regel, Adjektive in substantivischen Wortgruppen immer klein zu schreiben. Die Regel wurde für diesen Ausdruck sofort außer Kraft gesetzt, der *Heilige Vater* blieb, Bayern konnte im übrigen mitreformieren.

Später, bei der Revision von 2006, wurde sie etwas gemildert. Im Falle einer ‚idiomatisierten Gesamtbedeutung‘ könne man das Adjektiv auch großschreiben, also auch *Schwarzes Brett* ‚die Anschlagtafel‘, im Gegensatz zum *schwarzen Brett,* irgendeinem Brett, das schwarz ist. Tatsächlich war die vertraute Bezeichnung des Papstes ein solcher Ausdruck mit fester Bedeutung, weltweit.

Immerhin war damit der Entwicklung der Schreibung ein kleines Türchen geöffnet, denn es wimmelt in unserem Wortschatz von solchen Ausdrücken, die zur Idiomatisierung, d.h. zu einer festen Bedeutung neigen. Dies ist ein Weg, neue Bedeutungen in unserer Sprache zu schaffen, neben den Mitteln von Metapher und Metonymie, der Entlehnung und der Wortbildung.

Werfen wir einen Blick auf weitere charakteristische Fälle!

Die *Große Koalition,* auch gerne abgekürzt *Groko* genannt, ist bekanntlich eine Koalition der beiden größten Fraktionen im Parlament, CDU/CSU und SPD, ein fester Begriff der Politik. Das Adjektiv *groß* deutet zwar auch die große Zahl der Abgeordneten an, bezeichnet hier jedoch eine spezifische Parteienkombination.

Inoffizieller Mitarbeiter, meist in der Abkürzung *IM* gebräuchlich, bezeichnete in der ehemaligen DDR den fest verpflichteten und bezahlten, natürlich verdeckt arbeitenden Stasi-Spitzel, ein typischer Euphemismus für eine der schlimmsten Erscheinungen totalitärer Regime.

Islamischer Staat, meist mit dem Zusatz *sogenannter* gebräuchlich, oder in der Abkürzung *IS,* ist bekanntlich weder ein ‚Staat' noch im neutralen Sinne ‚islamisch', sondern eine propagandistische Eigenprägung radikaler Islamisten.

Für die Großschreibung solcher festen Ausdrücke hätte sich niemand stark gemacht, obwohl gerade die verbreiteten Abkürzungen ein Indiz für sprachliche Einheit sind. Erst die drohende Verletzung religiöser Ehrerbietung hat die starre Regel eingeschränkt.

Zum Schluss ein Beispiel zur Entstehung fester Ausdrücke, der Fachbegriffe *Englische Rosen, Alte Rosen, Moderne Rosen.* Der Rosenzüchter Graham Thomas prägte den Begriff *Old Roses* für seine Rosensammlung aus alten Parks und Gärten, im Gegensatz zu Neuzüchtungen, die nun *Modern Roses* hießen. Aus der Kreuzung der beiden schuf David Austin in den 60er Jahren einen neuen Typus von Rosen, der die Qualitäten *Alter Rosen* mit den Eigenschaften *Moderner Rosen* verband. Er nannte sie *English Roses.* Im deutschen

Rosenhandel wurden alle drei Begriffe mit Großschreibung übersetzt.

Züchterische Innovation hat hier einen Weg gefunden, den neuen Marken eigene Namen zu geben. Das tun auch hier Erfinder, Start-ups, Werbeagenturen. Sie nutzen damit die Spielräume unserer Schriftlichkeit.

im übrigen

So verzeichnet Konrad Duden diese adverbiale Wendung in seinem ‚Vollständigen Orthographischen Wörterbuch der deutschen Sprache' vom Jahre 1880, und zwar unter dem Stichwort *übrig*, dazu außerdem *übrigbleiben, das (alles) übrige, die (alle) übrigen.* Und so würden es viele Deutsche gerne weiterschreiben. Ich bin einer von ihnen und berichte, wie und warum es anders kam.

In der zweiten Hälfte des 19. Jahrhunderts hatte es heftige Debatten um eine Reform der Rechtschreibung gegeben, unter anderem über die Groß- und Kleinschreibung. Sie fand ihren Abschluss in der Berliner Rechtschreibkonferenz von 1901. Damals konnte man sich im wesentlichen auf die Regeln der preußischen Schulorthographie einigen, die Rudolf von Raumer 1876 entworfen und die Konrad Duden seinem Wörterbuch zugrunde gelegt hatte. Dazu hatte der Bonner Germanist Wilhelm Wilmanns in seinem Buch „Die Orthographie in den Schulen Deutschlands" (1887) einen ausführlichen Kommentar geliefert – bis heute die beste Begründung der neuen Einheitsschreibung. *im übrigen* zählte er zu den adverbialen Wendungen, die wie Adverbien klein zu schreiben seien. Eine Eselsbrücke sagte: „klein, wenn die Wendung durch ein Adverb ersetzt werden kann" (hier also durch *übrigens*). Weitere Wendungen dieser Art sind: *im allgemeinen, im großen und ganzen, im voraus, im folgenden, des öfteren, des weiteren, seit langem* usw. Die Absicht der damaligen Reformer war es, die wuchernde Großschreibung auf ihren Kern zu beschränken.

Warum wurde dies 1996 geändert? Ursprünglich votierte die Mehrheit der Reformer für die Kleinschreibung nach internationalem Usus. Doch die Kultusminister der deutschsprachigen Länder verwarfen dies nach einer kontroversen Anhörung. An einer so weitgehenden Änderung der Schreibung drohte die ganze Reform zu scheitern. Jetzt machten die Reformer eine U-Kehre. Sie votierten für vermehrte Großschreibung. Nach Artikel sollte immer großgeschrieben werden, um es den Schülern leichter zu machen. Die Didaktiker siegten gegen die Sprachwissenschaftler. Auf der Strecke blieb dabei eine grundlegende Maxime aller Rechtschreibung: ihre Sprachrichtigkeit, die genaue Wiedergabe gesprochener Sprache. Deshalb sind auch Wendungen, die adverbial gebraucht werden, wie Adverbien klein zu schreiben. Dies gilt auch für pronominale Wendungen wie *der eine, der andere, der erste, der letzte, der nächste, die meisten* usw. Die Reform bedarf der Reform. Das ist bereits einmal gelungen, bei getrennt und zusammen.

Die Schweizer Orthographische Konferenz (SOK) geht hier voran, sie hat die alte Regel wieder zu Ehren kommen lassen. In der Schweiz darf man *im übrigen, des öfteren, im voraus* schreiben. Das ist auch hier erlaubt, außer Lehrern und Beamten im Dienst. Nur ihnen konnten die Kultusminister ihre Schreibreform verordnen. Das wissen viele nicht, darum sei es hier gesagt. Ich empfehle, weiterhin Konrad Duden zu folgen.

Komma

Dies ist für viele ein Alptraum der Schriftlichkeit. Wo und warum ein Komma stehen soll, haben sie nie richtig gelernt und es bald aufgegeben, sich darum zu kümmern. Meist orientieren sie sich am gesprochenen Text. Und das ist falsch. Es führt oft in die Irre und ist die unzuverlässigste Methode. Denn unsere kleinen Sprechpausen haben wenig mit der syntaktischen Gliederung von Sätzen zu tun. Um diese aber geht es beim Komma. Es ist ein optisches Signal für ein schnelles und eindeutiges Verständnis des Textes.

Übrigens gehörten die Satzzeichen bis zum Anfang des 20. Jahrhunderts gar nicht zur Rechtschreibung. Dabei ging es nur um die Schreibung von Wörtern. Erst der DUDEN hat Punkt und Komma, Parenthese, Anführungszeichen usw. ins Regelsystem aufgenommen. Die jüngste Rechtschreibreform hat dies ausführlich in den §§ 67–113 dargestellt, allein die Komma-Regeln benötigen 12 Spalten. Da wird mancher den Wald vor lauter Bäumen schwer erkennen. Bleiben wir kurz bei diesem Bild: Einen Wald kann man sich vorstellen als eine Mischung von Laubbäumen und von Nadelbäumen. So kann man auch die Komma-Regeln einteilen. Es gibt zwei Haupttypen: das einfache Komma (ein Strich), das sind die Laubbäume und das paarige Komma (zwei Striche), das einen Nebensatz oder ähnliches einschließt, also die Nadelbäume.

Im ersten Fall zeigt das Komma an, dass Wörter, Satzglieder oder Sätze gereiht sind, also nebengeordnet, wie es die Syntaktiker sagen. Dazu drei Beispiele: (1) *rot, grün, blau sind die beliebtesten Farben.* (2) *Das halbe Haus, der lange Garten, die breite Garage gehören mir.* (3) *Es regnet, die Wolken hängen tief, wir fliehen ins Haus.* Meist wird in diesen Fällen das dritte Glied der Reihung (*blau, die breite Garage, wir fliehen ins Haus)* durch eine Konjunktion verbunden, also (1a) *rot, grün und blau sind beliebte Farben.* Hier ersetzt die Konjunktion das Komma, denn es hat die gleiche nebenordnende Funktion, nur semantisch aufgeladen, es weist auf eine Verbindung hin (*und, sowie*) oder eine Alternative (*oder*).

Das paarige Komma, also vor und hinter einer Einheit, hat eine andere Funktion: es grenzt eine syntaktische Einheit, vorne und hinten ab. Meist sind das untergeordnete Nebensätze, die man auch gut erkennt an einer Konjunktion (vorne) und einem finiten Verb (hinten). Daneben gibt es Konstruktionen mit einem Verb, aber ohne Subjekt. Das sind einerseits die sogenannten ‚erweiterten Infinitive' und Partizipkonstruktionen sowie substantivische Nachträge. Auch diese Regel ist einfach: (4) *Sie kam, um für immer zu bleiben.* (5) *Er ging, erfreut über das gute Wetter, ohne Mantel los.* (6) *Mainz ist die Geburtsstadt Johannes Gutenbergs, des Erfinders der Buchdruckkunst.*

Zwei Fragen bleiben: was heißt ‚erweitert' bei Infinitiv und Partizip? Die Erweiterung besteht in einem Satzglied, welches das reine Verb gleichsam zu einem Satz erhebt: *für immer* in (4) und *über das gute Wetter* in (6). Fehlt so ein Satzglied, braucht es kein Komma, wie in (7) *Es hörte auf zu regnen.* Und wo ist das zweite (paarige) Komma in (4) und (6)? Es erübrigt sich durch den Schluss-Punkt. Er ist gleichsam ein höherrangiges Zeichen, das andere aufzehrt.

Das sind die Grundregeln. Wie kann man sie sich aneignen? Nehmen Sie zwei bunte Stifte und markieren Sie die Kommata in einem Zeitungstext: einfaches Komma rot, paariges grün. So werden Sie bald zum geübten Kommatier. Und lernen beiläufig auch viele Fälle kennen, wo der ‚Schreibende', wie es im neuen Regelwerk heißt, nach Ermessen entscheiden darf, ob er ein Komma setzt oder es lässt. Und woran ‚misst' er das? Am Leser, immer am erwarteten Leser, der den Text verstehen soll.

Englisches im Deutschen

8.

Englisch als Lingua Franca – Segen und Fluch

Seit über 100 Jahren wächst die Verbreitung des Englischen als Zweitsprache, als Hilfssprache der internationalen Kommunikation. Den größten Schub aber erfuhr sie durch die Erfindung des Internets, durch die zeitnahe Übermittlung von Texten und Bildern. Jetzt wurde Englisch wirklich zu einer globalen Lingua Franca. Außerordentliche Bedeutung gewann dies in der Corona-Pandemie, als Forschungen und Untersuchungen zu Covid 19 weltweit ausgetauscht wurden. Das hat die schnelle Entwicklung von Impfstoffen ermöglicht. Der unschätzbare Segen jeder Lingua Franca ist offenbar: sie überwindet alle Probleme, welche die Sprachenvielfalt bereitet, sie erschafft sprachliche Gemeinschaft über unterschiedliche Regionen, Staaten, Zivilisationen hinweg.

Gehen wir kurz auf den Begriff *Lingua Franca* ein. Der Ursprung des Wortes liegt im Mittelalter, als venezianische und genuesische Flotten die westeuropäischen Kreuzzügler ins östliche Mittelmeer verschifften. Ihr ‚fränkisch', vermischt mit italienischer, griechischer, arabischer, persischer Lexik, wurde zur gemeinsamen Mittlersprache in der Kreuzzugszeit. Es war eine Pidginsprache, eine Hilfssprache, die längst ausgestorben ist. Geblieben ist der Name. *Lingua Franca* bezeichnet heute solche Sprachen, die zusätzlich überregional als Mittlersprache für eine Vielzahl verschiedener Muttersprachler dienen: Arabisch in der islamischen Welt, Swaheli in Ostafrika, Russisch in der ehemaligen Sowjetunion und ihren Satelliten und eben Englisch in der ganzen Welt. Im

Altertum war die griechische Koiné die Lingua Franca des Mittelmeers, vom frühen Mittelalter bis ins 18. Jahrhundert dienten Mittel- und Neulatein als überregionale Schriftsprachen. Auch Niederdeutsch war einmal Lingua Franca: in der Hansezeit an Ost- und Nordsee. Eine Lingua Franca ist immer Zweit- oder Drittsprache. Sie dient dem Kellner im Café de Flore, dem Monteur im Auslandseinsatz, dem Parlamentarier am Rednerpult, dem Wissenschaftler beim Small Talk, bei seinen Vorträgen und Publikationen. Im Gegensatz zu den Muttersprachen werden sie ganz unterschiedlich beherrscht und genutzt, vom gebrochenen Pidgin bis zum eloquenten Vortrag, von der Bedienungsanleitung bis zum Fachbuch.

Fluch oder Segen? Es ist beides. Der Segen eines globalen Kommunikationsmittels, einer gemeinsamen Zweitsprache ist offensichtlich. Daraus erwachsen jedoch auch Gefahren für die vielen überdachten, großen und kleinen Einzelsprachen, Gefahren, deren Ursprung begründet ist in der mehr oder weniger ausgeprägten Zweisprachigkeit. Zweierlei hat den Widerstand in den Sprachgemeinschaften entfacht: die wachsende Anzahl von Anglizismen in den Muttersprachen und der zunehmende Sprachwechsel zum Englischen in vielen Lebensbereichen, in der international vernetzten Großindustrie, in den meisten Wissenschaften und in vielen Branchen der Unterhaltungsindustrie – immer zugunsten der Lingua Franca Englisch.

Die meisten Proteste richten sich gegen die Zunahme von Anglizismen, zum Beispiel jüngst in der Corona-Pandemie. Teils verdrängen sie einheimischen Wortschatz, teils verhindern sie kreative Eigenbildung. Solche Sprachmischung durch Entlehnung wird mit polemischen Schlagworten bekämpft wie *Franglais* in Frankreich, *Italiese* in Italien, *Denglisch* in Deutschland. So verdankt der Verein Deutsche Sprache (VDS) seine Entstehung und seinen Erfolg dem Kampf gegen überflüssige Anglizismen im Deutschen. Der Verein gibt ein Glossar heraus, den ‚Anglizismen-Index', in dem die ständig wachsende Zahl von Entlehnungen dokumentiert wird. Gleichwohl scheint der Höhepunkt des Anglisierens, die Lust am Fremdeln auf Englisch überschritten. Bereits 2010 vollzog die Deutsche Bahn eine Kehrtwende. Über 200 Anglizismen in Bahn-Wortschatz wurden entfernt. *Service-Points* und *Counters* mussten dem bewährten *Schalter* weichen, *Flyer* wurden wieder zu *Handzetteln.*

Es gibt jedoch auch Nachzügler im Anglisieren. Eine bayerische Universität sucht internationalen Anschluss durch Bezeichnungen wie *Vizepräsident People* (er ist für Personal und Studierende zuständig), *Vizepräsident Education* (für Lehre und Studium), *Vizepräsident Research* (für Forschung) und *Vizepräsident Outreach* (für Kooperationen). Preise für verdiente Mitglieder heißen jetzt *Awards* und die Festrede einer Wissenschaftlerin wurde auf der jüngsten Geburtstagsfeier als *keynote* angekündigt. Dies ist klassisches Denglisch. Die Universität verwirft die bewährten Bezeichnungen ihrer Institutionen, um sich besonders weltoffen zu präsentieren.

Die größere Gefahr für die Zukunft vieler Sprachen liegt in dem zunehmenden Sprachwechsel zugunsten des Englischen. So muss man den Verzicht auf die Landessprache, auf die Muttersprache in vielen Lebensbereichen bezeichnen. Zum Beispiel wird an den Universitäten der Niederlande und Islands überwiegend auf Englisch unterrichtet. In einigen weltweit agierenden deutschen Großfirmen wurde auch intern Englisch als Firmensprache eingeführt. Man hört vom Widerstand in der Belegschaft. Muss das eigentlich sein, fragt sich mancher. Entfremdet dies nicht die Arbeitswelt von der Vertrautheit der Muttersprache? Doch eine öffentliche Debatte blieb bisher aus. Der Verlust liegt in der Herabstufung der eigenen Sprache auf Alltagskommunikation, auf eine Art

Dialektniveau. Andererseits wird die neue Zweitsprache meistens nur eingeschränkt beherrscht.

Man muss hier fragen: Was geht beim Verzicht auf muttersprachliche Kommunikation im Universitätsunterricht, in der Forschung, im Firmenalltag verloren? Kurz gesagt: Die Teilhabe an der Dynamik, dem Entwicklungspotential einer lebenden Sprache. Denn jenes globale Englisch, jene Lingua Franca ist ja nicht das differenzierte Englisch der Times, der angelsächsischen Literaten oder der Eloquenz des britischen Ministerpräsidenten. Eine Lingua Franca wird mehr gelesen als gesprochen und meist nur in fachsprachlichen Mustern geschrieben. Dem muss man den Rang und den Wert von Muttersprachen gegenüberstellen. Unsere Sprache ist nicht, wie Grammatiken und Wörterbücher vortäuschen, ein in sich geschlossenes, ein fixes System. Es zeichnet sich durch Regeln aus, die eine dynamische Reaktion auf die Wirklichkeit ermöglichen. Besonders sichtbar wird dies in den vielfältigen Formen der Erweiterung unseres Wortschatzes durch die Bildung neuer Wörter und neuer Bedeutungen. Gerade das Deutsche ist dank der Regeln von Komposition, Präfigierung, Suffigierung und Konversion besonders flexibel. Hinzukommen die Möglichkeiten metaphorischer und metonymischer Übertragung, welche zum Kern unseres Sprachvermögens gehören. Worüber wir auch nachdenken, es geschieht mit den Instrumenten der Sprache. Nur in den Muttersprachen sind wir darin kompetent, nicht oder kaum in einer Hilfssprache oder in erlernten Zweit- oder Drittsprachen. Dort bleiben wir Trittbrettfahrer, keine aktiven Reisenden.

Vorzüge nutzen, Gefahren meiden – das sollte die Devise im Umgang mit der Lingua Franca Englisch sein: Verantwortung für die Bewahrung der eigenen Sprache und Freude an europaweiter und weltweiter Kommunikation. Dazu zwei letzte Beispiele. Ich fragte meinen Enkel nach seinem Austauschjahr in Costa Rica, wie gut nun sein Spanisch sei. Es geht so, meinte er. Viel besser sei sein Englisch. Denn die Teilnehmer aus vielen Ländern hätten untereinander meist Englisch gesprochen. Viele Freundschaften blieben, die ehemaligen Kameraden in der Ferne treffen sich jetzt in Europa, mailen, simsen, talken auf Englisch. Vieles in der Debatte um Anglizismen und um den Gebrauch des Englischen scheint auch eine Generationenfrage. Jüngere scheren sich weniger um Entlehnungen, um Fremdes und Neues in der Sprache. Sie freuen sich, dass viele Anglizismen auch Internationalismen sind, die sich in vielen Sprachen wiederfinden. Ältere reagieren empfindlicher auf lexikalische Importe und auf die Verluste, die ihre Muttersprache erleidet. Ihre Sprache ist ein prägender Teil ihres schon langen Lebens.

Das zweite Beispiel handelt vom Brexit. Als dieser tatsächlich vollzogen wurde, fragten manche, warum man noch beim Englischen bleibe in der intereuropäischen Kommunikation, im Straßburger Parlament und in der Brüsseler Kommission. Das Englische sei ja jetzt nur noch in Irland Landessprache. Die Frage wurde aus gutem Grund nicht weiter erörtert. Denn es geht hier nicht um die Landessprache Großbritanniens sondern um Englisch als Lingua Franca. Diese existiert unabhängig von der Zahl der Muttersprachler in der EU. Entscheidend ist die Verbreitung als übernationale gemeinsame Sprache. Da bleibt uns Englisch unentbehrlich. Im Gegenteil: je weniger Muttersprachler sich beteiligen, um so eindeutiger ist der Charakter als Lingua Franca. Niemand muss sie beherrschen wie Briten und Amerikaner. Niemand nimmt Anstoß an regionalen Akzenten. Sie dient als Hilfssprache neben der Vielzahl kultivierter Muttersprachen in Europa. Sie ist ein Segen, solange sie in dieser Rolle genutzt wird, sie kann zum Fluch werden, wenn sie die Muttersprachen verdrängt oder ihre Identität durch Vermischung beschädigt.

9.
Englische Glossen

Wording

Neue Anglizismen geben immer wieder Anlass zu Erklärung und Kommentar. Oft tauchen sie erstmals in der Politik auf und werden gerne in den Medien nachgesprochen. *Wording* begegnet seit 2000 in deutschen Texten, oft mit einer gewissen Distanzierung, gleichsam in Anführungszeichen. Warum? Wir gehen den Quellen nach und finden: Englische Wörterbücher geben als Bedeutung ‚Wortlaut' oder ‚Ausdrucksweise' an. Ähnlich paraphrasiert das Concise English Dictionary ‚the way in which something is expressed in words'. Aktuelle Auskunft gibt das DWDS. Wir erfahren, dass größere Unternehmen die Praxis entwickelt haben, bestimmte Sachverhalte für die Außendarstellung in einheitlichen Formulierungen festzulegen. Diese Sprachregelungen sollen der Corporate Identity dienen. Auch Hochschulen machen davon Gebrauch. Die Friedrich-Alexander-Universität Erlangen-Nürnberg nennt sich nur noch mit der griffigen Abkürzung FAU. Ihre internationale Orientierung bringt sie durch englische Bezeichnungen der Ressorts zum Ausdruck. Die Verantwortlichen heißen nun Vizepräsident *People,* Vizepräsident *Research,* Vizepräsident *Education* und Vizepräsident *Outreach.* Angehörige der Universität, die noch deutsch sprechen und schreiben, fühlen sich ausgegrenzt. Die angesehene Münchener LMU hat das nicht nötig. Sie ordnet ihre Ressorts, geradezu Old School, nach *Studium, Forschung, Weiterbildung* und *Kooperationen.*

Nicht selten dient Wording auch der Euphemisierung und Verschleierung. So werden die Maßnahmen des Heizungsgesetzes vom Wirtschaftsministerium als *Heizungstausch* verniedlicht. Die Grundbedeutung von *Tausch* ist das ‚wechselseitige freiwillige Nehmen und Geben'. Davon kann hier nicht die Rede sein. Vielmehr kommen kostspielige Folgen wie Dämmung von Dach und Wänden, Fenstererneuerung und Photovoltaik hinzu.

Wo man hinschaut, wimmelt es von Sprachvorschriften. Ein programmatisches Wording ist das Gendern bei den Grünen, immer mit Genderstern. In ihrem Wahlprogramm haben sie es bis zur Groteske praktiziert. Sie wollen sagen: Wir sind die Progressiven, die für Geschlechtergleichheit in der Sprache eintreten.

Und schließlich darf nicht unerwähnt bleiben, was totalitäre Staaten ihren Bürgern verbieten oder vorschreiben. Ältere werden sich an eine Grußformel erinnern, die für immer *Grüß Gott* und *Guten Tag* ersetzen sollte. Diese verbale und gestische Apotheose des ‚Führers' verschwand erst am 9. Mai 1945 aus dem Alltag.

Wording kann sinnvolle Vereinbarung sein über verbale Selbstdarstellung, aber auch Kampfinstrument und Mittel der Übertölpelung. Kritisch bewertet heißt dies, wie die ZEIT einmal schrieb: „man schafft Sprache ab und ersetzt sie durch Wording".

Jobcenter

Ist *Jobcenter* eigentlich das richtige Wort für Einrichtungen, die vor allem damit befasst sind, bedürftigen Arbeitslosen eine gewisse Grundsicherung zu verschaffen? Sie prüfen mit genauesten Nachfragen die Bedürftigkeit, vermitteln und verlangen Fortbildungen, sorgen für Wohnung und Krankenversicherung und bestrafen ihre Klientel, wenn sie sich dem bürokratischen Aufwand verweigert. *Jobcenter* ist ein englisches Lehnwort. In Großbritannien bezeichnet *jobcentre* die Arbeitsvermittlung, wie einst unser deutsches Arbeitsamt. *Job* steht dort im weitesten Sinne für ‚Arbeit'. Im Deutschen dagegen hat *Job* zumeist die eingeschränkte Bedeutung ‚Gelegenheitsarbeit'. Dem entspricht das *Jobben* von Schülern und Studenten. *Ferienjobs* sind beliebt. Das *Jobcenter* ist aber keine Vermittlung von Gelegenheitsjobs sondern die örtliche Vertretung der Mammutbehörde ‚Agentur für Arbeit'. *Agentur* klingt nach mehr als schlichtes *Amt.* Das Behördliche, das Beamtenmäßige soll damit ausgeblendet werden. Die Jobcenter haben nun eine doppelte Aufgabe: sie sollen Arbeit vermitteln wie einst die Arbeitsämter und soziale Leistungen verteilen wie einst die Sozialämter. Dies von dem ehemaligen VW-Manager Peter Hartz Anfang unseres Jahrhunderts entwickelte Konzept wurde bundesweit als großartige Innovation gefeiert. Kritiker bemängeln inzwischen den unmäßigen Verwaltungsaufwand, die Entwürdigung der arbeitslosen Kostgänger zu gegängelten Bittstellern, die Nutzlosigkeit von Fortbildungen und besonders den geringen Erfolg bei der Arbeitsvermittlung. Gibt es hier vielleicht Parallelen zum sauberen Diesel von VW? Wir fragen: war die Verwendung des entlehnten Wortes nicht eine euphemistische Schwindelei? Sollte das umgangssprachliche Kurzwort *Job* den wahren Charakter dieser Behörde verschleiern? Stattdessen Lockerheit, Jugendlichkeit und Aufgeschlossenheit demonstrieren? Damals waren Anglizismen ein angesagter Modetrend. Überall sprossen *points* aus dem Boden, Zentren wurden zu *centers.* Bahn und Post, ehemals (im Kaiserreich) Vorreiter in der Integration von Entlehnungen, versuchten sich anglisierend anzubiedern. Dort hat Einsicht zur Wende geführt. Geblieben sind uns die *Jobcenter*, welche die Arbeitslosigkeit verwalten.

Um das behördliche Ungetüm hat sich ein ganz eigenes Wortfeld entwickelt. Die Stütze, wie es einst hieß, wird jetzt *Hartz IV* genannt, die Bezieher nennen sich *Hartzer.* Wer nur wenig verdient und etwas dazubekommt, heißt *Aufstocker.* Für die aufwendige Bedürftigkeitsprüfung wurde die *Bedarfsgemeinschaft* geprägt, und was man vom eigenen Vermögen oder von Zuwendungen Dritter behalten darf, heißt *Schongeld.* Um alles kümmern sich jetzt die *Fallmanager.* Bei der Berechnung der Armut, die es nachzuweisen gilt, hilft ein Hartz-IV-Rechner. Sollte Missbrauch nachgewiesen werden, ist ein Blick in die Pfändungstabelle hilfreich. Überall wuchern Abkürzungen, die nur Insider verstehen: ARGE SGB II für Arbeitsgemeinschaft Sozialhilfegesetz II, seit 2010 umbenannt in Arbeitsagentur, ALG II für Arbeitslosengeld II (die ehemalige Sozialhilfe, welche nicht mehr heißen soll, was sie ist).

Den größten Erfolg verdanken die Jobcenter ihrer Abschreckung, der Abwanderung in Minijobs, in die Schwarzarbeit oder ins Obdachlosenleben. Tatsächliche Hilfe, die trotzdem mancherorts gelingt, ist eher Beifang neben dem Verwalten der „Staatsknete“. Leichten Erfolg erzielen die Jobcenter übrigens bei der Vermittlung von Mitarbeitern für den eigenen wachsenden Bedarf.

cool

Engagierte Leser nörgeln öfter über dies Modewort und wünschen sich einen kundigen Kommentar. Beginnen wir mit der Aufnahme aus dem Englischen und dem Aufstieg des Wortes von der Jugendsprache in die allgemeine Alltagssprache. *Cool* ist die englische Form unseres Adjektivs *kühl,* mit weitgehend gleicher Bedeutung. Die neuere Verwendung des Lehnworts findet sich zuerst im amerikanischen Englisch, z.B. in *Cool Jazz,* dem ‚konzertanten, in gemäßigter Form vorgetragenen Jazz'. Übersetzbar ist das Wörtchen nur schwer, denn gerade die englische Schreibung trägt zur besonderen Bedeutung bei. *Cool* wurde zum Merkmal von Lässigkeit und souveräner Haltung, zum Beispiel in solchen Wendungen wie *cooler Typ, coole Klamotten, coole Location.* Mitte der 70er Jahre beginnt der Aufstieg des Wortes unter Jugendlichen. Es wird zum Leitwort einer Generation. Vielleicht finden professionelle Soziologen einmal eine zeitgeschichtliche Erklärung. Auch dafür, dass *cool* inzwischen zu einem allgemeinen umgangssprachlichen Wörtchen geworden ist. Die stets gärende Jugend hat längst Ersatz gefunden in *geil, krass, hip.* Und nicht genug mit Neuerungen. Diese verlangen nach Steigerung in *megageil, voll krass, ultrahip* und *hypertrendy.*

Blickt man einmal auf alle Generationen, welche den heutigen deutschen Sprachgebrauch repräsentieren – von jenen, die in den 50er Jahren jung waren, bis zu den Kids der Gegenwart – dann finden wir ein ganzes Arsenal bewertender Adjektive. Alle waren einmal neu, die meisten haben diesen Glanz längst verloren. Man kann Etappen der Innovation und des Veraltens beobachten. Die Senioren von heute finden manches noch immer *klasse, spitze* oder *tipptopp.* Ihre Kinder, die heute im besten Alter stehen, nennen dasselbe *toll, dufte* oder *prima.* Und jene, die das Jugendalter eben verlassen haben, halten fest an *stark, super, sauber* oder *astrein.* Diese Wörtchen sind oft ungewollte Erkennungszeichen einer Generation.

Ein Tipp: Bleiben Sie bei Ihrem eigenen Wortschatz und vermeiden Sie sprachliche Anbiederung. Es wird bemerkt: „Hey Alter, was red'st Du für'n Stuss". Im übrigen: nicht schimpfen, nicht wundern, lieber lächeln.

ChatGPT

Die Talkshow-Profis benutzen *ChatGPT* so selbstverständlich, als wüsste jeder, was damit gemeint ist. Es geht um Nutzen und Gefahren. Aber keiner erklärt das Wort. Hier versagen alle Wörterbücher. Erst das Netz verrät die englische Vollform: ***Ch**atbot **G**enerative **P**re-trained **T**ransformer.* Müsste nur noch übersetzt und *Chatbot* erklärt werden. Ähnlich geht es mir bei LGBTIQ, auch ein dem Englischen entlehntes Buchstabenwort, ein verkürzter Sammelbegriff. Es steht für *lesbian, gay, bisexual, transgender, intersexual, queer.* Mit solchen Abkürzungen dringt immer mehr Unverstandenes in den Sprachgebrauch des Deutschen ein. Dies sind Fremdwörter eigener Art, die sich doppelt verbergen, durch die Kürzung und den Bezug aufs Englische.

Ich nehme das zum Anlass, die Rolle der Abkürzungen im deutschen Wortschatz zu beleuchten. Es gibt viel mehr als die meisten vermuten. Das lässt sich zwei Wörterbüchern entnehmen. Schon 1969 erschien eines bei VEB Bibliographisches Institut (DDR) mit über 30.000 Einträgen. Das jüngste wurde 2015 vom Dudenverlag herausgegeben und enthält ca. 50.000 Stichwörter. Der Anstieg mag mehrere Ursachen haben: vorallem die rasante technische Entwicklung der letzten 50 Jahre, begleitet von wirtschaftlichen Innovationen und sozialen Umbrüchen. Die Internationalität dieser Prozesse und die beschleunigte globale Kommunikation bringen schneller als je zuvor neue Anglizismen ins Deutsche. Der jüngste Rechtschreibduden trägt dem Rechnung, indem er immer mehr gängige Abkürzungen aufnimmt und erklärt. Die oben genannten fehlen noch.

Abkürzungen sind bei ihrer Einführung – wie *Azubi* für *Auszubildende* – oder *TÜV* für *Technischer Überwachungsverein* – motiviert und verständlich durch den Bezug auf die

Vollform. Mit zunehmender Benutzung geschieht zweierlei: die Kenntnis des Ursprungswortes verliert sich in der Sprachgemeinschaft, gleichzeitig nimmt die Kurzform, die ja zunächst nur eine bedeutungsleere Zeichenfolge war, die Bedeutung der Vollform an, sie wird zum eigenständigen Wort. Manche werden wie ein phonetisches Wort ausgesprochen wie *TÜV* (*tyf*), die meisten als Buchstabenwörter wie *SPD (espe´de:)*. In jedem Fall sind dies neue Wörter in Aussprache, Schreibung und Bedeutung. Hier kommen wir auf die entlehnten Anglizismen zurück. Was fehlt im Prozess der Integration einer abgeleiteten Kürzel zu einem neuen Wort, ist die Hilfestellung, welche im Deutschen der Bezug zur Vollform leistet. Wer aber kennt die englischen Vollformen? Was tun? Am besten ist immer eine Übersetzung und ggf. eine deutsche Abkürzung, wie z.B. bei *KI* (*Künstliche Intelligenz*) für englisch *AI (Artificial Intelligence).* Manchmal gelingt die Aufnahme als phonetisches Wort wie bei NATO (´na:to) aus *North Atlantic Treaty Organization.* Immer gilt: Wer verstanden werden will, muss sich verständlich machen.

Snooker

Dieser britische Billardsport hat seit kurzer Zeit das Fernsehen erobert. Zahlreiche Kameras verfolgen die beiden Spieler, ihre Stöße, das Einlaufen der Bälle in die Taschen und zeigen dazwischen immer wieder das Gesamtbild der roten und farbigen Kugeln auf dem Tisch. Die Kommentare, die der begnadete Snooker-Fachmann Rolf Kalb gibt, erläutern das aktuelle Spiel und geben am Rande (für die Neueinsteiger) Erläuterungen zur Sache. Dabei werden alle für das Spielgeschehen relevanten Snooker-Begriffe verwendet und erklärt. So lernt man Snooker im Fluge verstehen.

Nehmen wir dies als Beispiel für eine charakteristische Situation, in der Lehnwörter in eine Sprache übernommen werden. Die Welt hat von Fußball bis Tennis schon viele in England beheimatete Sportarten kennengelernt und mit ihnen auch deren Terminologie. Ursprünglich spielte man auch in Deutschland aufs *Goal* und hielt das *Racket*, erst die systematische Verdeutschungswelle im Kaiserreich, angetrieben vom Allgemeinen Deutschen Sprachverein, hat die meisten Anglizismen der Sportsprache ersetzt.

Beim Snooker können wir hautnah erleben, wie und warum Lehnwörter aufgenommen werden. Billard war ja bis zum 2. Weltkrieg auch in Deutschland populär, deshalb gibt es bereits viele Fachwörter für *Tisch, Bande, Taschen, Queue, Pomeranze* usw. Hinzukommt nun die Snooker-Spezialterminologie. Wir lernen, was ein *Break* ist (die ununterbrochene Spielphase eines der beiden Spieler), ein *Century Break* (mit 100 Punkten), eine *total Clearence* (alle Kugeln gelocht), speziell die *Safety,* ein Stoß ohne Lochabsicht, ein Verstecken eines Balles, damit der Gegner nur riskant weiterspielen kann. Der Schiedsrichter legt die farbigen Bälle auf die *Spots,* die festgelegten Punkte auf dem Tisch. Ein Turnier ist in *Sessions* eingeteilt, Spielabschnitte mit Pausen dazwischen, jede Session hat mehrere *Frames,* einzelne Spiele.

Genug der Beispiele. Wir sehen, wie die schon bekannte Billard-Terminologie ergänzt wird um Fachwörter für die spezifischen Regeln und Besonderheiten des Snooker. Ein (weißer) Spielball, 15 rote und 7 farbige Bälle (schwarz, pink, blau, braun, grün, gelb für 7–2 Punkte) sind das Spielmaterial. Im Nu hat man sich als Zuschauer diese Wörter angeeignet – eben weil Wort und Sache in Kommentar und Bild vorgeführt werden. Auch die Aussprache wird mitgeliefert. Dass das doppelte *oo* wie /u:/ gesprochen wird, kennen wir ja bereits aus dem *Pool* und dem *Boom*. Dies ist ein exemplarisches Muster des modernen Sprachkontakts. So werden die Bezeichnungen technischer Neuerungen mit dem Produkt transportiert und eingeführt. Technologische Herrschaft hat die sprachliche Herrschaft zur Folge. Das macht Englisch zur unvermeidlichen Lingua franca.

Snooker gibt es übrigens schon über 100 Jahre. 1927 fand im United Kingdom die erste Weltmeisterschaft statt. Seitdem ringen vorallem Engländer, Schotten, Waliser und Iren miteinander, nur selten von Australiern und Chinesen (man denke an das Commonwealth und an Hongkong) herausgefordert. Britische Soldaten brachten Snooker in der 80er Jahren auch nach Deutschland. Aber erst die phänomenalen optischen Berichtsmöglichkeiten des Fernsehens haben die regionalen Beschränkungen überwunden. So wächst die Snooker-Gemeinde nach und nach über die britischen Inseln hinaus und mit ihr verbreitet sich auch der Fachwortschatz dieses Sports in andere Sprachen.

SALE

Es gibt nur noch wenige Deutsche, die [ˊsalə] sagen statt des englischen [seɪl], mit einem Diphthong, der deutschen Wörtern sonst fremd ist. Tatsächlich sagen die meisten [se:l] wie auch [me:l] für *mail*. Wir haben das englische Lautsystem samt seinen extravaganten Schreibungen ein bisschen zurechtgebogen. Fremd bleibt es trotzdem. Das Wort *sale* hat natürlich neben dem englischen Flair den Vorzug der Kürze, verglichen mit dem einstigen *Schlussverkauf*, den es zweimal im Jahr gab, als *Sommer-* oder *Winterschlussverkauf*, wegen der Länge abgekürzt zu SSV bzw. WSV. Damals war das alles noch bürokratisch geregelt. Jetzt kann jeder, wenn er will seinen *SALE* ankündigen. In der Sache hat sich nichts geändert: wenn die Ware der nächsten Saison eintrifft, muss Platz gemacht werden. Manche nutzen den Zeitpunkt für eine Renovierung: „Alles muss raus!“ Oder sie geben den Laden auf. „SALE, wegen Geschäftsaufgabe", das soll die anderen unterbieten.

Der Siegeszug von *SALE* hat längst auch andere europäische Länder erfasst. Wir sehen es, wenn wir im Urlaub durch die Einkaufsgassen schlendern. In Schweden klagen die Vertreter von *Språkförsvaret,* dem Sprachverein mit dem sprechenden Namen ‚Sprachverteidigung', dass ihr größtes Einkaufszentrum sich nicht des traditionellen *Rea* (Abkürzung für *realisation*) bedient. Dies hatte einst das schwedische *utförsäljning* ‚Ausverkauf' verdrängt. Wenn mit Sprache geworben werden soll, braucht es Neues, Auffälliges, auch Fremdes. Kann man sich dem verweigern? Und wer soll dies tun? Es bleibt der Trost, dass auch das Neue bald alt sein wird.

Und woher kommt eigentlich das englische *sale*? Die Fachwissenschaft gibt Auskunft: Altenglisch *sala* sei wahrscheinlich entlehnt aus altnordisch *sala,* eine von zahlreichen lexikalischen Hinterlassenschaften der Wikinger-Herrschaft im Nordosten Englands, dem sogenannten Danelaw. Kühne Wissenschaftler behaupten sogar, das heutige Englisch sei gar keine westgermanische Sprache mehr, wie sie Angeln und Sachsen vom Kontinent mitgebracht hatten, sondern eher eine nordische Sprache. Die Frage ist immer, wer im Sprachenkontakt die Oberhand behält. Vielleicht könnten die Schweden ihr *SALE* gnädiger bewerten, wenn sie es als Rückimport erkennen. Überhaupt mahnt dies Nehmen und Geben in Europa zu etwas Gelassenheit. So schnell wird es nicht zum Ausverkauf unserer Sprachenvielfalt kommen.

Lobby

Das Wort ist aus englisch *lobby* übernommen und seit 1929 im Duden belegt. Im Deutschen hat es eine konkrete und eine übertragene Bedeutung. Einerseits steht es für die Eingangshalle, das Vestibül eines Hotels, andererseits für jegliche Interessenvertretung, die bemüht ist, Entscheidungen in ihrem Sinne zu beeinflussen. So suchen Lobbyisten den Kontakt zu Abgeordneten der Parlamente und zu den Ministerien. Ihre Beratung ist zweischneidig: sie helfen mit Sachverstand in ihrem Arbeitsbereich, verbinden damit aber auch das eigene Interesse. Je mehr Politiker nur Politiker sind, ohne eigene Berufserfahrung, umso mehr benötigen sie den Rat der Lobbyisten.

Diese Bedeutung von *Lobby* hat sich im Englischen entwickelt, ursprünglich eine Entlehnung aus mittellateinisch *lobia* ‚Galerie'. Ähnlich der Hotellobby war und ist es die Wandelhalle in britischen und amerikanischen Parlamentsgebäuden, in denen die Abgeordneten mit Wählern und Interessengruppen zusammentreffen. Der Ort wurde (metonymisch) zur Bezeichnung der Interessenvertreter selbst, der *Lobby* eines Unternehmens, einer Branche, einer Organisation. Der öffentliche Ort der Begegnung steht auch für das Einverständnis mit solcher Kommunikation, idealerweise ohne ein *do ut des*, ein ‚ich gebe, damit du gibst'. (Dieser Ausspruch, den Bismarck öfter im Zusammenhang politischer Absprachen benutzte, geht auf das Römische Recht zurück.)

Die Parlamentarier stehen da im Konflikt: dem Gemeinwohl verpflichtet, aber auch in Versuchung, dem Eigennutz zu dienen. Darum hat das Wort *Lobby* im Deutschen nebst seinen Ableitungen *Lobbyist* und *Lobbyismus* (aus englisch *lobbyist* bzw. *lobbyism*) meist einen abschätzigen Klang. Wo geht freundschaftlicher Umgang in Vorteilsnahme, wo in Korruption über? Kann es sein, dass die Amerikaner hier weniger zimperlich und ehrlicher sind? Nun planen unsere Parlamentarier ein *Lobbyregister.* Es soll künftig für Transparenz sorgen, sozusagen die Öffentlichkeit in der Wandelhalle wiederherstellen. Ihr Wort in Gottes Ohr.

Unsere Namen

10.

Wozu Straßennamen?

Werden bald in Berlin sämtliche Straßennamen umbenannt, die an Richard Wagner und seine Werke erinnern? Wagner hat viel Antisemitisches geäußert. Gab es sonst nichts? In vielen Städten gibt es solche Bemühungen, die Ehrung von Persönlichkeiten in Straßennamen kritisch zu überprüfen, teils wegen einstiger antisemitischer oder rassistischer Äußerungen, teils auch als Abwendung von früheren Idealen. Das ist nur scheinbar eine aktuelle Bewegung. Tatsächlich gibt es solche Umbenennungen seit langem. So wurden unmittelbar nach dem Untergang des ‚Dritten Reiches' die unzähligen *Adolf-Hitler-Straßen* und *Adolf-Hitler-Plätze* umbenannt. Meist erhielten sie ihren alten Namen zurück. Nach der Wende verschwanden die Namen kommunistischer Größen von den Straßenschildern. Allerdings blieben die vielen Zusicherungen der DDR-Politik, die *Friedensstraßen* und *Straßen der (deutsch-sowjetischen) Freundschaft* meist erhalten. Auch eine Aufarbeitung der Ehrungen des letzten Kaiserreiches, die an *Kaiser Wilhelm* und an *Bismarck* erinnern, hat schon begonnen. Es ist unschwer zu erkennen, dass jede Zeit ihre Helden hat, die sie gerne im lokalen Straßenbild verewigen möchte. Nur lehrt die Erfahrung: Wer heute die Ehrung durch einen Straßennamen erfährt, könnte in einigen Jahrzehnten schon wieder als unwürdig angesehen werden. Andererseits – das sei zur Beruhigung gesagt – erlischt mit den Jahren die Erinnerung an beliebte Namensgeber, an Bürgermeister, lokale Sportgrößen oder hochgeachtete Professoren.

Solche Straßennamen sind bald nur noch ein propriales Etikett, ohne weitere Bedeutung. Damit verstärkt sich wieder ihr Hauptzweck, die Identifizierung einer Straße oder eines Platzes. Allerdings ist es ein grober Irrtum, beim Ersatz einer nicht mehr erwünschten Ehrung müsse gleich eine neue, bessere Ehrung im Straßennamen verewigt werden. Das verkehrt den Sinn von Straßennamen. Ein Nebenaspekt wird zum Hauptziel der Benennung gemacht. Frühere Ideologie wird durch aktuelle ersetzt. Aus diesem Teufelskreis zweifelhafter Straßenbenennung müssen die Kommunen wieder herausfinden. Für die Umbenennungsdebatten könnte es hilfreich sein, sich auf die alltägliche übliche Praxis im Umgang mit Straßennamen zu besinnen. Denn damit haben die Kommunen ständig zu tun. Regelmäßig werden neue Straßennamen benötigt, zum Beispiel für neue Siedlungsgebiete und bei Eingemeindungen von Nachbarorten. Doppelte Straßennamen müssen ersetzt werden. Oft ist der Stadtarchivar für Vorschläge zuständig. Im fränkischen Erlangen zum Beispiel hat Johannes E. Bischoff über drei Jahrzehnte die Straßennamenvergabe geprägt. Für zahlreiche Städte gibt es vollständige Dokumentationen, die über die wechselvolle Geschichte der Straßennamengebung und damit auch über die Stadtgeschichte informieren. Daraus lassen sich einige Kernpunkte erschließen, die der Praxis von Neu- oder Umbenennung dienen können.

Zu beginnen ist mit der Ausgangsfrage: Wozu eigentlich Straßennamen? Ihr eigentlicher Zweck ist simpel. Sie sind Namen für innerörtliche Verkehrswege und dienen der Orientierung in unseren Gemeinden. Sie sind unentbehrlich für die Kommunikation der Behörden mit den Bewohnern, für Postzustellung und Feuerwehr, für Müllabfuhr und Besteuerung, für Straßenreinigung und Kanalisation. Die Kommunen sind seit dem 19. Jahrhundert für die Namengebung zuständig. Sie müssen aus praktischen Gründen sicherstellen, dass jeder Straßenname in ihrem Ort nur einmal vorkommt, dass er verständlich, leicht auszusprechen, zu merken und zu übermitteln ist. Kommunen sorgen für die Straßenschilder, bezahlen sie und bringen sie an.

Die Bewohner sind jedoch nicht nur Adressaten kommunaler Ordnung. Für sie ist die Wohnadresse mit Ort, Straßennamen und Nummer auch Teil ihrer Identifikation auf Briefbögen und Visitenkarten. Sie kann Firmenadresse sein, die bei Hundertausenden von Kunden und Geschäftspartnern verzeichnet ist. Umbenennungen können hier gewaltige Kosten verursachen. So schätzte der Buchhändler Hugendubel in München, dass ihn die Umbenennung der *Hilblestraße*, an der er seinen Verwaltungssitz hat, über 100 000 Euro kosten würde. Immerhin versprach die Stadt, jeden Anlieger mit 100 Euro entschädigen, Firmen mit 1500 Euro. Andere reagieren hier anders. In Berlin haben 1134 Bürger einer Umbenennung der *Mohrenstraße* widersprochen. 237 von ihnen, die sich von angedrohten Kosten nicht abschrecken ließen, erhielten mit dem ablehnenden Bescheid eine Rechnung von 148,27 Euro: „Verwaltungsgebühr für die Ablehnung des Widerspruchs". Nun liegt die Sache bei Gericht.

Grundsätzlich sind zwei Typen der Benennung einer Straße zu unterscheiden: ein primärer, der sich an örtlichen Gegebenheiten orientiert, z.B. an Gebäuden (*Bahnhofstraße, Rathausplatz*), an der Zielrichtung (*Nürnberger Straße*), der Beschaffenheit (*Lange Zeile*), der Lage (*Rheinallee*), einem ansässigen Gewerbe (*Schustergasse*) oder anderen sichtbaren Eigenschaften des Ortes. Diese Namen knüpfen unmittelbar an das Orientierungsbedürfnis der Bewohner an. Sie sind aus deren täglicher Interaktion hervorgegangen. Darum heißen sie auch ‚gewachsene' oder ‚volkstümliche' Namen. Dies ist der ältere Namenstyp, der bis ins 18. Jahrhundert vorherrschte. Als ‚sekundäre Straßennamen' bezeichnet man all jene, die von Amts wegen von den kommunalen Verwaltungen vergeben wurden. In Bayern hing dies mit der Einführung einheitlicher Kataster für alle Wohngebäude zusammen. Nun kamen zusätzliche Motive der Benennung ins Spiel: die Ehrung von Herrschern oder Politikern (*Kaiser-Wilhelm-Platz, Bismarckstraße, Adenauerring*) und die Erinnerung an Dichter, Musiker, Künstler, Wissenschaftler, (*Goethestraße, Dürerplatz, Karl-Marx-Allee).* Damit wird die Namengebung zum Vehikel politischer oder ideologischer Werbung. So haben Feudalismus (*Kaiser-Wilhelm-Platz*), Revolution (*Bebel-Ring*), Drittes Reich (*Horst-Wessel-Straße*), sowjetische Besatzung (*Stalin-Allee*) und demokratischer Aufbruch (*Kurt-Schumacher-Straße*) ihre Spuren im deutschen Schilderwald hinterlassen. Ändern sich Herrschaft oder Zeitgeist, werden manche Namen als unpassend empfunden.

Der große Bedarf an Straßennamen hat dazu geführt, insbesondere in Neubaugebieten, ganze Viertel nach einheitlichem Muster zu benennen, zum Beispiel (in Siedlungen für Vertriebene) nach Städten in Schlesien und Ostpreußen. Geschätzt sind auch Namen von Vögeln, Bäumen, Blumen. Eine besondere Rolle spielen ehemalige Flurnamen als Namensgeber. Damit wird eine Art Namenstradition geschaffen. Um den Wildwuchs der Straßennamengebung einzudämmen, hat 1981 der Städtetag Verwaltungsvorschriften für die Straßennamengebung vorgelegt. Konstituierend ist die Funktion der eindeutigen Kennzeichnung. So genügen in kleinen Gemeinden einfache Hausnummern, in Planstädten wie Mannheim wurde eine Kombination aus Buchstaben und Zahlen gewählt, ähnlich bei unseren Überlandstraßen wie A3 und B4. Grundsätzlich können Straßennamen drei zusätzliche Aufgaben erfüllen: Orientierung in der Gemeinde, Bewahrung alter Traditionen und Ehrung herausragender Persönlichkeiten. Damaris Nübling zählt in ihrem Buch ‚Namen' (2015) konkrete Regeln der Straßennamengebung auf:

- Jeder Straßenname darf nur einmal vorkommen
- Der Name soll klar und einprägsam sein, er darf (wegen EDV) nicht mehr als 25 Zeichen umfassen
- Durch Bebauung fortfallende Flurnamen sollen in Straßennamen erhalten bleiben
- Für zusammenhängende Baugebiete sind möglichst thematisch geordnete Namen zu wählen
- Grundsätzlich sind Straßen nur nach verstorbenen Persönlichkeiten zu benennen
- Nur in Ausnahmefällen sind Straßenumbenennungen zulässig
- Namen mit ideologischem Hintergrund sind zu vermeiden.

Diese pragmatischen Regeln begrenzen Willkür und lassen Raum für lokale Gestaltung.

Eines wird in den gegenwärtigen Debatten um Straßennamen oft übersehen: Der semantische Gehalt, der im Moment der Benennung, des sogenannten Taufaktes vorlag, sei es ein örtlicher Bezug, eine Ehrung oder Erinnerung, verblasst im Laufe der Benutzung des Namens und erlischt oft ganz. Es bleibt am Ende nur der eigentliche propriale Zweck erhalten, die eindeutige Identifizierung einer Straße, die Verwendung als Eigenname. Wir sehen das besonders deutlich bei den ererbten Familiennamen. Die ursprüngliche Motivation der Benennung wie *Müller* und *Schuster* (nach dem Beruf) oder *Düsseldorfer* und *Bayer* (nach der Herkunft) ist längst völlig verblasst. So werden auch Straßennamen im Laufe ihrer Benutzung zum reinen Etikett. Anwohner wissen meist garnicht, welchen Sinn der Name ihrer Straße einst hatte. Nur orientierende Namen wie *Bahnhofstraße* oder *Am Nordpark* behalten ihre ursprüngliche Motivation. Dagegen geht die Erinnerung an lokale Persönlichkeiten zumeist mit dem Ableben der Zeitgenossen des Geehrten verloren. Diese Eigenschaft von Eigennamen, ihre Bedeutungsarmut mindert auch die Anstößigkeit vieler Straßennamen. Ob nun eine *Mohrenstraße* ursprünglich ehrenden Charakter hatte oder ob die vielen *Mohren-Apotheken* einst der Werbung dienten, ob mancher Bewohner das Wort *Mohr* als rassistisch ablehnt – was sollen bloß die vielen Menschen tun, die diesen Familiennamen tragen? – das alles geht im Alltag der Namensverwendung als Etikett unter.

Der Streit um die Umbenennung von Straßennamen gehört zu den Dauerbrennern kommunaler Verwaltung. Es geht dabei um zwei Gruppen von Straßennamen: einmal um ehrende Namen für Personen, denen man aus heutiger Sicht die Würde einer solchen Ehrung abspricht. Die Ehrung soll ihnen wieder entzogen werden. Zum anderen um Namen, denen man – wiederum aus heutiger Sicht – einen rassistischen Charakter zuspricht. Hier geht es zum Beispiel um die Frage, ob ein Wort wie *Mohr* rassistisch ist. *Mohr* ist heute eigentlich veraltet, die meisten kennen es aus Hoffmanns Struwwelpeter.

Der Ersatzname *Anton-Wilhelm-Amo-Straße* für die *Mohrenstraße* ist eine typische Fehlleistung ideologisch motivierter Umbenennung. Bisherige Ehrungen auf Straßennamen galten zumeist landesweit oder örtlich bekannten und berühmten (verstorbenen) Persönlichkeiten. *Anton Wilhelm Amo*, ein „namhafter Philosoph schwarzer Hautfarbe" des 18. Jahrhunderts (1703–1756), ist heute ein völlig unbekannter. Weil von schwarzer Hautfarbe, soll er nun den *Mohr* in der *Mohrenstraße* ersetzen. Seine bisherige Unbekanntheit gilt nicht als Hindernis. Im Gegenteil, sie soll eine Art Wiedergutmachung leisten für die einst (angeblich) missachteten Mohren. Für einen Straßennamen ungeeignet ist auch die Länge aus vier Namenteilen. Es ist heute leider üblich geworden, zu ehrende Personen mit allen Vornamen in den

Straßennamen aufzunehmen. Heute hieße es nicht mehr *Goethestraße* sondern (mit mehreren Bindestrichen) *Johann-Wolfgang-von-Goethe-Straße.* Damit wird die Grundfunktion der Straßennamen, leicht sprechbares und leicht merkbares Etikett, in die Nebenfunktion einer Ehrung verkehrt. Man sieht hier, wie Ideologie den eigentlichen Zweck der Straßennamengebung überlagert.

Zur Eigenart von Straßennamen gehört auch, dass die Mehrzahl von ihnen aus anderen Eigennamen gebildet wurde. Dazu zählen die ehemaligen Flurnamen, die Familiennamen (bei Ehrungen) oder orientierende Namen von Städten, von Kirchen oder Gaststätten. Diese Namen haben sich bereits als propriale Kennzeichen bewährt. Nimmt man die Namen aus botanischen und zoologischen Nomenklaturen wie *Kiefernstraße*, *Drosselgasse* oder *Hasenweg* hinzu, so stellt sich heraus: die meisten Straßennamen wurden aus anderen Namen gebildet, sozusagen als onomastische Zweitverwendung. Auch darin drückt sich die Dominanz des proprialen Zwecks der Straßennamengebung aus.

Zwei Kuriosa seien eingefügt. Der oben erwähnte 1945 umbenannte Erlanger *Kaiser-Wilhelm-Platz* lebt im Namen einer Gaststätte *Kaiser-Wilhelm* an diesem Platz fort, meist abgekürzt *KW.* Das ist kein Ausdruck von Kaisertreue sondern einfach Bewahrung eines üblichen Namens.

Manche Straßen oder Plätze haben einen doppelten Namen: einen primären, also im Gebrauch gewachsenen und einen administrativen. So der *Stachus/Karlsplatz* in München, Straßenname und U-Bahnstation. *Stachus* ist die geläufige Kurzform des Vornamens *Eustachius.* So hieß der Münchener Gastwirt Förderl, nach dem seine Gaststätte benannt wurde und nach ihr der Platz davor. Dies ist ein typischer Fall primärer Benennung nach einer bekannten Örtlichkeit. Den offiziellen Namen *Karlsplatz* hat der bayerische Kurfürst Karl Theodor 1797, sich selbst ehrend, bestimmt. Er hat den gewachsenen, ursprünglichen Namen bis heute nicht verdrängen können. Zuweilen erhalten Straßen auch nachträglich einen zusätzlichen, einen inoffiziellen Namen. In Erlangen wird eine Ausfahrtsstraße von Einheimischen und Taxerern *Panzerstraße* genannt, nach jenen amerikanischen Panzern, die sie vor Jahrzehnten auf dem Weg zu ihrem Übungsplatz befuhren.

Was sollte man künftig besser machen bei Neu- und Umbenennungen von Straßen? Fünf Punkt sind zu bedenken:

1. Straßennamen dienen in erster Linie der eindeutigen Kennzeichnung der Verkehrswege für viele kommunale Zwecke. Darum sind die Kommunen hier zuständig. Straßennamen sind jedoch zugleich die unverrückbare Adresse aller Anwohner. Diese haben ein Recht, bei Umbenennungen mitzuwirken.
2. Straßennamen sollen möglichst kurz, gut lesbar und gut aussprechbar sein. Lange Bindestrichnamen sind eine kommunikative Last.
3. Straßennamen können auch einen zweiten Zweck verfolgen: Ehrung oder Erinnerung. Sie sollten Personen vorbehalten sein, die seit langem durch eindeutige Leistungen bekannt sind. Straßennamen dürfen nicht zum Spielfeld politischer oder ideologischer Botschaften werden. Das beeinträchtigt ihren Hauptzweck.
4. Umbenennungen sollten auf wenige eindeutige Fällen beschränkt sein. Keineswegs müssen dabei getilgte Namen durch neue Ehrungen, zum Beispiel als Wiedergutmachung erfolgen. Das ist nur eine neue, eine Art Anti-Ideologie.
5. Vor geplanten Umbenennungen sind die erwartbaren Kosten für die Kommune und alle betroffenen Anwohner zu berechnen und in die Entscheidung einzubeziehen.

11.
Negernbötel

Die Grüne Jugend fordert, das Dorf umzubenennen, weil der Name rassistisch sei. Die Sprachgeschichte klärt auf. Was hat dieser Ort im Kreis Segeberg mit dem N-Wort, mit *Neger* zu tun? *Negerenboetele* wurde bereits im Jahre 1444 urkundlich erwähnt, so bezeugt es das ‚Historische Ortslexikon von Schleswig-Holstein' von Wolfgang Laur (1967). Der Name bedeutet übersetzt ‚nähere Siedlung', im Kontrast zum *Fehrenbötel,* der ‚ferneren Siedlung'. Gemeint ist Nähe und Ferne zur Stadt Segeberg, wie Bürgermeister Marco Timme im Netz erläutert. Das Wort *Neger* aber wurde erst im 17. Jahrhundert aus französisch *nègre* ins Deutsche entlehnt. Hier hat es niemals jenen rassistischen Nebenton gehabt wie in Ländern, die Sklavenhandel betrieben haben.

Was also hat *Negernbötel* mit *Negern* zu tun? Der Berliner Anglist Stefanowitsch meint, die Herkunft eines Namens spiele eine weniger wichtige Rolle als die heutige Bedeutung. Dieser Ortsname könne heute verletzend wirken. Wen eigentlich? mag man fragen. Die Ortsbewohner wollen keine Namensänderung. Hier möchte offenbar ein Anglist die Mode Political Correctness aus den USA zu uns importieren. Mit Sprachwissenschaft hat das nichts zu tun. Namen, ob Ortsnamen oder Familiennamen, haben keine Bedeutung. Sie identifizieren, sie sind ein Etikett. Sonst müsste sich ja Herr *Kurz* umtaufen, wenn er nicht groß genug ist. Im Gebrauch von Namen werden solche semantische Assoziationen in der

Regel ausgeblendet. Das gilt auch für *Negernbötel.* Dessen Bewohnern ist zu ihrer Standhaftigkeit zu gratulieren.

12.

Stachus und Elphi

Jeder Bewohner unserer Städte kennt Gebäude oder Straßen, die einen besonderen Namen haben, eine Art Spitznamen, zusätzlich zu ihrer amtlichen Bezeichnung. So sprechen die Münchener ausschließlich vom *Stachus,* wenn sie den Platz und U-Bahn-Knotenpunkt meinen, der offiziell *Karlsplatz* heißt. Schon zur feierlichen Eröffnung wurde die Hamburger *Elbphilharmonie* einfach *Elphi* genannt, ein Beitrag zur liebevollen Aneignung als neues Wahrzeichen der Stadt. Erlanger treffen sich am *Hugo,* dem zentral gelegenen *Hugenottenplatz.* Und ganz selbstverständlich sprach ein Gastgeber von *Ebs,* wohin er mich ausführen wollte, und meinte *Ebermannstadt.*

Populäre Namen dieser Art sind in der zuständigen Fachwissenschaft, der Onomastik – zumindest in der Handbuchliteratur[19] –, bisher kaum beachtet worden. Das hängt offenbar mit ihrem zufälligen, oft witzigen, also nicht ernst zu nehmenden Charakter zusammen. Ich nenne diese Namen für Örtlichkeiten jeder Art ‚inoffizielle Toponyme', weil sie im Volksmund, ohne amtliche Mitwirkung geprägt und in Umlauf gebracht wurden. Bei näherem Hinsehen sind sie jedoch gar keine Ausnahme. Sie ähneln vielmehr in ihrer Entstehung dem Typus sogenannter ‚primärer Straßennamen', wie sie vom Mittelalter bis ins 19. Jahrhundert üblich waren. Damals wurden Straßen nach Gaststätten, nach Gewerben, Bewohnern, Gebäuden, Zielen usw. benannt, die für die Orientierung im städtischen Raum hilfreich waren. Erst seit dem 18.

Jahrhundert kamen die administrativen, von der kommunalen Verwaltung vergebenen Straßennamen auf, die heute vorherrschen. Man nennt sie ‚sekundäre Straßennamen'. In unseren ‚inoffiziellen Toponymen' hat sich die Kraft volkstümlicher Namengebung erhalten, wenn auch nur ergänzend und oft in Verkürzung oder Verballhornung der offiziellen Namen.

Ausgangspunkt meiner Beobachtungen war der *Himbeerpalast*, die spöttische Bezeichnung des Siemens-Hauptgebäudes der Universitäts- und Siemensstadt Erlangen. Eine kleine Umfrage bei Einheimischen hat meine eigene Sammlung nur geringfügig erweitern können. Denn viele inoffizielle Toponyme sind nur den Bewohnern eines Viertels oder Gruppen von Studierenden bekannt. Deshalb habe ich die Umfrage auf Nachbarorte und wenige Großstädte erweitert.[20] Aufgenommen sind 40 noch heute geläufige Namen.[21]

Erlangen

Himbeerpalast: Verwaltungsgebäude der Siemens AG, benannt nach dem himbeerfarbenen Außenanstrich. Mit *Palast* wird wohl die Höhe des Gebäudes, seine Rolle als Sitz der Siemens-Verwaltung, vielleicht auch die weitläufige Eingangshalle spöttisch charakterisiert. Der Name *Himbeerpalast* ist in Erlangen seit einigen Jahren in aller Munde, seit Siemens das Gebäude geräumt und an den Freistaat Bayern verkauft hat. Neue Nutzer sollen die Fächer der Philosophischen Fakultät der Universität werden, welche endlich die maroden Gebäude an der Kochstraße und der Bismarckstraße verlassen können. Siemens errichtet für eine halbe Milliarde Euro am Stadtrand einen eigenen Campus. Der Name *Himbeerpalast* ist inzwischen zum offiziellen Toponym in den Planungen der Stadtverwaltung und den Berichten der Presse geworden. Die Anführungsstriche, welche anfangs als Zeichen inoffizieller Benennung beigefügt wurden, sind inzwischen verschwunden.

Mausloch: Bahnunterführung am Bubenreuther Weg (nördlich des Burgbergs). Benannt nach der Enge der Unterführung. Bei der Erweiterung in Höhe und Breite (2019) wurde die Straße abgesenkt; in der Folge sammelte sich bei starken Regengüssen das Wasser, das die Durchfahrt erst nach Hilfe der Feuerwehr möglich machte. Auch diese Bezeichnung ist inzwischen offiziell geworden. Unter gleichem Namen ist auch eine Unterführung unter der A 73 im benachbarten Eltersdorf bekannt. Anwohner führen ihn auf die ehemals abgerundete Form zurück.

Panzerstrasse: inoffizieller Name der *Kurt-Schumacher-Straße*, welche vom Erlanger Norden zu B 4 und A3 Richtung Nürnberg führt. Den Namen erhielt die belebte Ausfahrtsstraße nach den amerikanischen Panzern, welche die Straße auf dem Weg zu ihrem Übungsgelände überquerten und den Verkehr behinderten. Die Amerikaner haben den Militärstandort Erlangen 1993 verlassen. Der Name tauchte schon 1964 in Berichten über die Straßenerneuerung auf. Er ist, vor allem unter Taxifahren, bis heute geläufig, obwohl auf dem Gelände der ehemaligen Ferris Barracks inzwischen ein neuer Stadtteil errichtet wurde.

Langer Johann: Das einzige Hochhaus der Stadt, benannt nach der Straße *Sankt Johann.*

Opa-Markt: verballhornte Bezeichnung des *Kupa-Marktes* in Eltersdorf, der später *Comet* hieß und heute ein *Edeka-Markt* ist.

Hupfla: Abkürzung für **H**eil- **u**nd **Pfl**ege**a**nstalt, wird jedoch wegen des mundartlichen Anklangs nur von wenigen als offizielles Kurzwort erkannt. Dieser Name der ehemaligen

Kreisirrenanstalt aus dem 19. Jahrhundert ist seit einigen Jahren zur Mahnung an die Verbrechen der Nazizeit geworden. Von hier gingen Transporte ab zu den Tötungsanstalten der NS-Euthanasie. Die denkmalgeschützten Gebäude mussten nun – bis auf einen symbolischen Rest – Platz machen für ein Zentrum für Physik und Medizin der Max-Planck-Gesellschaft. Der erhaltene Mitteltrakt der *Hupfla* wird ein Gedenkort bleiben.

KaWe: Gaststätte *Kaiser Wilhelm* am ehemaligen *Kaiser-Wilhelm-Platz* (jetzt *Lorlebergplatz*)

B 4: Kurzbezeichnung des Gebäudes *Bismarckstraße 4*, gegenüber den Philosophentürmen, das in den 70er Jahren von den ‚Alternativen' besetzt und bewohnt wurde. Ein ehemaliger Erlanger Student erinnert sich an eine **M 4** für *Marquardsenstr. 4*, in der damals die Spitze der 68er Bewegung hauste.

Alex: Kurzbezeichnung des Studentenwohnheims *Collegium Alexandrinum.*

Hugo: Kurzbezeichnung für den zentralen *Hugenottenplatz,* zur Zeit Haupthaltepunkt der städtischen Busse.

Forchheim und Bamberg

Vexierkapelle: Kapelle *Sankt Nikolaus* auf dem Reifenberg im Landkreis Forchheim, von allen Seiten aus dem Wiesenttal zu sehen; sie irritiert (vexiert), so sagt der Volksmund, den suchenden Wanderer.

Nordbahnhof: städtisches Wohngebäude in Forchheim, Bammersdorfer Straße, das in den 1920er Jahren im Rahmen des sozialen Wohnungsbaus errichtet wurde. Benannt nach dem repräsentativen bahnhofähnlichen Eingangsportal, vielleicht auch wegen der nahe vorbeiführenden Eisenbahnstrecke Nürnberg-Bamberg.

Verkältung Christi: katholische Kirche *Verklärung Christi* am Joseph-Otto-Platz. Das Gotteshaus war (bis 2019) bekannt wegen schlechter Isolierung und Heizung.

Blutiger Knochen: die (inzwischen aufgegebene) Gaststätte Patrizier-Bräustübl in der Nähe des *Nordbahnhofs* war bekannt wegen häufiger Schlägereien.

Café Sandbad: Justizvollzugsanstalt Bamberg, *Obere Sandstraße* (benannt nach dem alten Viertel *Im Sand*), *Café* deutet auf das benachbarte Kneipenviertel hin.

Klein Venedig: malerisch am östlichen Ufer der Regnitz gelegene Fischerhäuschen, eine Bamberger Sehenswürdigkeit.

EBS: „EBS erleben" – mit dieser Devise wirbt die Stadt *Ebermannstadt* im Herzen der Fränkischen Schweiz für sich. *Ebs* war früher auch Kfz-Kennzeichen, um dessen (freiwillige) Wiedereinführung sich eine Bürgerinitiative der Stadt erfolgreich bemüht hat.

Berlin

Tränenpalast: ehemaliger Name des zentralen S-Bahnhofs Friedrichstraße in Ostberlin, benannt in Erinnerung an die Abschiede von Westbesuchern, die sich von Freunden und Verwandten verabschiedeten. Sie durften heim in den Westen, jenen war der Weg aus der DDR versperrt.

Goldelse: vergoldete, über 8 Meter hohe Bronzeskulptur auf der Siegessäule im Berliner Tiergarten, die in Erinnerung an drei preußische Siege errichtet und am Sedanstag 1873 eingeweiht wurde. Ihr Schöpfer war der Bildhauer Friedrich Drake. Für die Skulptur soll seine Tochter Margarethe Modell gestanden haben. Offiziell war sie Abbild der Prinzessin Viktoria von Preußen. Der Name *Goldelse* soll von dem Titel eines Fortsetzungsromans von E. Marlitt übernommen sein, der seit 1866 in der populären Zeitschrift *Gartenlaube* erschien.

Schwangere Auster: Berliner Kongresshalle zwischen Tiergarten und Regierungsviertel, 1958 als Geschenk der Amerikaner errichtet. Der volkstümliche Name erinnert an das geschwungene Dach, das sich in weitem Bogen über das Auditorium spannt.

Zirkus Karajani: Neubau der Berliner Philharmonie des Architekten Hans Scharoun, eröffnet 1963, benannt nach dem langjährigen Dirigenten Herbert von Karajan.

Rache des Papstes: die stählerne Turmkugel auf dem Fernsehturm am Alexanderplatz, die bei Sonnenschein ein Lichtkreuz sichtbar macht, ein zufälliges, für das SED-Regime höchst peinliches Symbol des Christentums. Denn der Fernsehturm, ein Abbild des Sputniks, des ersten Satelliten der Sowjetunion, sollte den Sieg des Sozialismus symbolisieren. Walter Ulbrich tobte, doch alle technischen Versuche, den unerwarteten Lichteffekt zu verhindern, scheiterten. So kam es auch zu dem spöttischen Namen ***Sankt Ulbrich.*** Versuche der DDR-Regierung einen eigenen Namen bekannt zu machen (***Telespargel***) scheiterten schon daran, dass Spargel in der DDR ein rares Gemüse war. Wikipedia erwähnt auch einen weiteren Namen: ***Dibelius Rache***, nach dem streitbaren Bischof von Berlin-Brandenburg.

Erichs Lampenladen: *Palast der Republik* (Volkskammer der DDR), 1973–1976 auf dem ehemaligen Gelände des Berliner Stadtschlosses errichtet, zwischen 2006 und 2008 abgerissen, seit 2013 Neubau des Stadtschlosses. Benannt nach Erich Honecker und den zahlreichen Lampen am Gebäude.

Langer Lulatsch: Funkturm (146,7 m hoher Sendeturm) auf dem Messegeländer in Berlin-Westend, der 1926 anlässlich der 3. Funkausstellung in Betrieb genommen wurde.

Kutsche: Die Quadriga (zweirädriger Streitwagen, der von vier Pferden gezogen wird) von Johann Gottfried Schadow (1793) auf dem Brandenburger Tor in Berlin.

Potse: erstes ‚selbstverwaltetes' Jugendzentrum an der Potsdamer Straße in Berlin-Schöneberg.

Kudamm: **Ku**rfürsten**damm**, weltberühmter 3,5 km langer Boulevard im Westen der Stadt.

KaDeWe: 1907 errichtetes **Ka**ufhaus **de**s **We**stens an der Tauentzienstraße, während der Teilung Berlins Symbol westlicher Lebensart.

München

Stachus: zentraler Platz und U-Bahn-Station in München, offizieller Name: *Karlsplatz*. Der Name wurde wahrscheinlich von einer benachbarten Gaststätte auf den Platz übertragen. An der Ecke Sonnenstraße/Bayerstraße hatte die Familie Förderl seit 1710 einen Biergarten, der nach dem Eigentümer Mathias Eustachius Förderl *Stachus* benannt wurde. Der Name blieb der Gaststätte auch bei späteren Besitzern erhalten.

Palazzo Kitschi: Haus der (‚deutschen') Kunst nach der Eröffnung 1937 ohne Werke der sogenannten ‚Entarteten Kunst'.

Alter Peter: Glockentum der *Petrikirche* hinter dem Marienplatz, bekannter Aussichtsturm der ältesten Pfarrkirche Münchens.

Prinze: Prinzregententheater in München.

Resi: Residenztheater in München.

Hamburg

Elphi: *Elbphilharmonie,* Konzerthaus der Stadt Hamburg, das auf dem Sockel eines ehemaligen Speichers in der Hamburger Speicherstadt errichtet und 2016 nach langer Bauzeit eingeweiht wurde. Die *Elphi* ist seitdem neuestes, weltweit bekanntes Wahrzeichen der Stadt. Die Kurzform taucht bereits 2010 in der Ankündigung des Richtfestes („Elphi entern“) auf.

Michel: Hauptkirche *St. Michaelis* und Wahrzeichen der Stadt Hamburg.

Santa Fu: Justizvollzugsanstalt Fuhlsbüttel in Hamburg, wohl in Anklang an Santa Fé in Neu-Mexiko benannt.

Weitere Kirchen, Denkmäler, Wahrzeichen

Steffel: Stephansdom im Zentrum der Stadt Wien, auch Name des ältesten Kaufhauses in der Nähe des Doms.

Nischl: 7 Meter hohe Plastik des Kopfes von *Karl Marx*, nach dem 1953 die Stadt *Chemnitz* in der DDR umbenannt wurde. Nach der Rückbenennung zu *Chemnitz* ist dies Denkmal auch eine Erinnerung an die Jahrzehnte der DDR. *Nischl* ist sächsisches Dialektwort für ‚Kopf‘.

Langer Eugen: ehemaliges 110 m hohes Bonner Abgeordneten-Hochhaus des Architekten Egon Eiermann, das auf den

Einsatz des damaligen Bundestagspräsidenten Eugen Gerstenmaier zurückgeht (erbaut 1966–1969, Abriss 2017).

Eine Auswertung dieser Zufallsauswahl kann nur vorläufig sein, ein Einstieg in die Charakteristik dieses Namentypus. Wir beginnen mit der Bildungsweise. Auf Anhieb erkennt man zwei Gruppen: charakterisierende Bezeichnungen wie *Himbeerpalast* oder *Langer Eugen*, in welchen verschiedene Eigenschaften des Objekts hervorgehoben werden, zum anderen verschiedene Formen der Kurzwortbildung wie *Hugo* oder *Elphi*, die an offizielle Namen anknüpfen. Die erste Gruppe nennen wir ‚sprechende Toponyme'. Folgende Gegebenheiten dienten der Benennung als charakteristische Merkmale:

(1) Bauliche Gestalt: *Himbeerpalast, Tränenpalast, Nordbahnhof, Langer Johann, Langer Eugen, Langer Lulatsch, Kutsche, Palazzo Kitschi, Schwangere Auster, Nischl,*
(2) Farbe: *Himbeerpalast, Goldelse,*
(3) Nutzung: *Panzerstraße, Café Sandbad, Tränenpalast, Zirkus Karajani,*
(4) Lage: *Vexierkapelle, Café Sandbad*
(5) Schöpfer/Nutzer des Objekts: *Zirkus Karajani, Langer Eugen, Erichs Lampenladen, Rache des Papstes, Dibelius Rache, Stachus.*

Einige Bildungen sind metaphorisch motiviert: *Mausloch, Klein Venedig, Blutiger Knochen, Schwangere Auster, Santa Fu.*

Häufig haben diese Toponyme durch die Art der Charakterisierung oder des Vergleichs eine spöttische Note. Das gilt für alle *Palast*-Namen, für eine vergoldete Siegesgöttin, die schlicht *Goldelse* heißt, für den Vergleich eines Konzertsaals mit einer *Auster,* die (wegen der Wölbung) *schwanger* genannt wird oder für Sprachspiele wie *Palazzo Kitschi, Opa-*

Markt, Verkältung Christi. Oft sind verschiedene Formen der Charakterisierung in einem Namen verknüpft.

An dieser Stelle werfen wir einen Seitenblick auf die Debatte um die Semantik von Eigennamen. Die genannten Beispiele stellen die übliche Einordnung, dass Eigennamen inhaltsleer seien, dass sie nur identifizieren, in Frage. Die inoffziellen Toponyme zeichnen sich gerade durch ihren ‚sprechenden' Charakter aus. Das widerspricht keineswegs ihrer onymischen, also ihrer identifizierenden, ihrer monoreferentiellen Funktion. Allerdings kann die Primärmotivation im Laufe der onymischen Nutzung mehr und mehr verlorengehen. Das zeigt sich, wenn einige inoffizielle Namen in der Kommunikation von städtischer Verwaltung offiziellen Charakter erlangen, wie z.B. *Himbeerpalast, Mausloch, Hupfla* in Erlangen. Auch mehrere der Berliner Namen sind in Berlin so geläufig, dass sie in Wikipedia-Artikel genannt werden.

Morphologisch gesehen ganz anderer Art sind alle jene inoffiziellen Toponyme, die durch Kürzung aus offiziellen Toponymen hervorgegangen sind. Wir begegnen hier Formen der Kurzwortbildung, die aus dem appellativen Wortschatz bekannt sind (Fleischer/Barz (2012), 277ff., vgl. auch Koß (2002), 95ff.).

(1) Initialwörter aus Phraseologismen (*KaDeWe, B4*) oder Wortbildungen (*Hupfla, Elphi, Ebs*),
(2) Unisegmentale Kurzwörter: *Alex, Resi, Michel,*
(3) Kurzwörter mit Suffix –o (*Hugo)* und *-e* (*Potse, Prinze*),
(4) Ableitungen mit Suffix –i (*Kitschi*).

Das Verbindende dieser beiden auf unterschiedliche Weise gebildeten Toponyme ist ihr inoffizieller Charakter. Dieser lässt sich durch die Gegenüberstellung mit offiziellen Toponymen noch weiter charakterisieren. Offiziell heißt: amtlich oder durch den Eigentümer benannt (Taufe), verbindlich, kodifiziert, dauerhaft, allgemein verbreitet. Inoffiziell heißt: von anonymer Herkunft, unverbindlich, nirgends aufgezeichnet, zumeist nur unter lokalen Bewohnern bekannt. Dies lässt sich am Beispiel von Straßennamen noch konkreter belegen. Diese werden heutzutage ausschließlich von den betreffenden Gemeinden vergeben[22], sind postalisch verbindlich, auf Straßenschildern und Stadtplänen kodifiziert, dauerhaft – sie werden nur in seltenen Fällen geändert – und für jedermann zugänglich. Inoffizielle Straßennamen sind oft nur den langjährigen Einwohnern bekannt und in der Regel nirgends aufgezeichnet. Dies kann sich ändern, wenn eine Straßenbaumaßnahme öffentlich und im Gemeinderat diskutiert wird (Beispiel: *Mausloch* in Erlangen). Das gleiche gilt für die Nutzung von Gebäuden (Beispiel: *Himbeerpalast, Hupfla*). Inoffizielle Toponyme sind in vieler Hinsicht volatil. Sie ähneln den Spitznamen unter den Anthroponymen, also den Kosenamen und Spottnamen für Lehrer, Kollegen, Partner, Nachbarn. Sie sind seit langem ein beliebter Gegenstand der Namenforschung (vgl. Nübling, 2015, 171ff.)

Eine letzte Bemerkung sei der Bedeutung des Namenwortschatzes in der Sprachkommunikation gewidmet. Wenn von Wortschatz, von Lexik, von Lexikologie die Rede ist, dann ist immer gemeint, was unsere großen Sprachwörterbücher verzeichnen, das Grimmsche Wörterbuch, Duden Universalwörterbuch, Rechtschreibduden, Deutsches Wörterbuch usw. Kaum erwähnt wird der riesige Bestand an Familiennamen, an Rufnamen, an Orts-, Flur- und Gewässernamen. Hinzukommen die Namen von Firmen, von Waren, Parteien, Vereinen, Kunstwerken, Schiffen u.v.m. Sie sind in keinem Wörterbuch verzeichnet, nur in Spezialglossaren für Fachleute. Allein die Rufnamen sind oft Gegenstand öffentlicher Erörterung, wenn ausgezählt wurde, welche Vornamen für Mädchen- bzw. Jungen dies Jahr am häufigsten gewählt wurden. Der gesamte Namenwortschatz des Deutschen ist unüberschaubar, aber trotzdem ein unentbehrlicher Bestandteil unserer Sprache. In jeder Kommune sind die Namen von Straßen und Gebäude das Kernstück örtlicher Orientierung. Im Gegensatz zu Ruf- und Familiennamen, die einen festen Bestand bilden, können diese jedoch frei gewählt werden. Das macht ihre besondere Bedeutung aus, darum ist auch die Nische der inoffiziellen Toponyme ein beachtenswertes Thema. Sie geben Auskunft, wie sprachliche Benennung ohne Administration funktioniert.

13.
Namen-Glossen

Mohr

Ist *Mohr* ein fremdenfeindliches Wort? Das behaupten eifrige Sprachreiniger und verlangen die Tilgung in den Namen von Apotheken, Straßen, Institutionen und Produkten. Zwei Fragen sind zu beantworten, eine allgemeine und eine spezielle: Hilft die Meidung diskriminierender Wörter eine tatsächliche Diskriminierung im Alltag zu mindern oder zu beseitigen? Die Debatte um *Neger* und *Rasse* (das N.-Wort und R.-Wort) zeigt: wo ein Wort an Verbrechen, an Diskriminierung, an Missachtung aus jüngster Vergangenheit erinnert, bedeutet seine Benutzung ein Ja zu diesen Taten. Eine Meidung dieser Wörter ist ein Signal der Ächtung solcher Taten, solcher Haltung. Sie kann soziales und politisches Handeln nicht ersetzen, aber anmahnen.

Die spezielle Antwort ist sprach- und kulturgeschichtlich. Fast 100 Apotheken in Deutschland führen den *Mohr* im Namen, in Nürnberg seit dem Jahre 1578, in Bayreuth seit 1610, in Erlangen seit 1696. Oft dient ein schwarzer Kopf, zuweilen mit Äskulapstab und Spezereien, als Logo dieser traditionsreichen Apotheken. Warum? Das Wort ist seit dem frühen Mittelalter bezeugt, wohl entlehnt aus griechisch *Μαύρος* ‚Bewohner der nordafrikanischen Provinz Mauretanien', seit dem 16. Jahrhundert in der Bedeutung ‚Mensch mit dunkler Hautfarbe' geläufig. Ende des 17. Jahrhunderts wird *Mohr* zunehmend durch *Neger*, entlehnt aus französisch *nègre*, ersetzt. Heute ist es aus dem aktiven Wortschatz verschwunden, lebt nur im historischen Kinderbuch, in der Heraldik, vor allem im Namen von Apotheken, Straßen, Hotels und Gaststätten fort. Einige *Mohrenstraßen* gehen vermutlich auf den Namen einer *Mohrenapotheke* zurück, so wie viele Straßen nach Wirtshäusern benannt sind.

Warum aber schmückten sich Apotheken mit einem Mohren im Namen? Es war die Zeit der Entdeckungen, des aufkommenden Fernhandels, der Wiederentdeckung der Antike, auch orientalischer Medizin und Pharmazie. Mauretanien war damals berühmt als Herkunft neuartiger Arzneimittel wie Gummi arabicum und Ambra, von exotischen Früchten und Gewürzen. Mit dem Abbild des Mohren rühmte sich die Apotheke als Heimstätte morgenländischer Heilkunst. Es ist also völlig abwegig, dies mit kolonialer Ausbeutung späterer Jahrhunderte in Verbindung zu bringen.

Auch Othello, der edle venezianische Feldherr, dem Shakespeare um 1600 ein melodramatisches Denkmal setzte, lässt sich kaum mit der neueren Kolonialgeschichte verknüpfen. Eher schon der Mohr in Friedrich Schillers republikanischem Trauerspiel *Fiesco.* Viele Fürsten leisteten sich damals einen Mohren in ihrer Dienerschaft, Ausdruck ihrer Weltläufigkeit und ihres Vermögens. Bei Schiller hat die bekannte Sentenz, mit welcher der Mohr im 3. Akt die Bühne verlässt, einen gesellschaftskritischen Anspruch: *Der Mohr hat seine Schuldigkeit getan* – so zitieren wir heute –, *der Mohr kann gehen.* Wollen wir uns diesen leisen Protest nehmen lassen?

Bombay oder *Mumbai*?

Warum wechseln Städte ihren international verbreiteten Namen? Warum legen Staaten ihren historischen Namen ab? Warum z.B. *Tschechien* für *Tschechei*? Wir gehen der Frage exemplarisch nach und erläutern das Phänomen interner und externer Namen, von Sprachwissenschaftlern Endonyme bzw. Exonyme genannt.

Als der Portugiese Francisco de Almeida im Jahre 1508 die malerische Bucht an der Westküste Indiens entdeckte, nannte er sie *bom baia* ‚gute Bucht'. Die Portugiesen gründeten eine Kolonie, verloren sie jedoch 1661 an die Briten, die den Namen der Stadt zu *Bombay* anglisierten. Die Einheimischen nannten die Stadt schon immer *Mumbai,* angeblich nach einer Hindu-Göttin. 1996, 30 Jahre nach der Befreiung Indiens von britischer Kolonialherrschaft, beschloss der Stadtrat, künftig nur noch diesen alten Namen zu führen. Die Länder der EU folgen dieser Praxis. In deutschen Medien gilt offiziell *Mumbai,* Berichterstatter und Reiseführer sagen meist weiterhin *Bombay* wie die englischsprachige Welt. Die Analyse zeigt: *Mumbai* ist der interne, vor Ort und in der Sprachgemeinschaft übliche Name, *Bombay* der externe, außerhalb Indiens verbreitete. Allerdings ist dieser durch die Kolonialherrschaft und die Übernahme des Englischen als Nationalsprache auch zum internen Namen geworden, der bis heute vor Ort benutzt wird. Die Umbenennung möchte die Eigenständigkeit betonen. Das gilt besonders für viele Staaten, die sich von dem Namen früherer Herrschaft befreien: *Myanmar* für *Birma, Simbabwe* für *Rhodesien* und viele andere.

So auch bei unserem tschechischen Nachbarn, der Tschechischen Republik, die sich abgekürzt *Česká* nennt. Sie hat 1992 die externe Bezeichnung *Tschechei,* die in Deutschland üblich war, wegen der Nazi-Assoziationen verworfen und auf Rat von Fachleuten den externen Namen *Tschechien* eingeführt. Dieser Zungenbrecher wird in Nachrichten von Berufssprechern gebraucht und natürlich immer, wenn politische Rücksicht geboten ist. Wird er sich durchsetzen gegen den alten Namen, dessen Missbrauch in Vergessenheit gerät?

In allen diesen Fällen versuchen die Betroffenen, ihren internen Namen auch extern durchzusetzen bzw. ein eigenes Äquivalent einzuführen. Dies hat bei Namen für Staaten seine Berechtigung, nicht jedoch bei Städten. Hier sind externe Namen ein weltweit verbreitetes Phänomen. Jede Sprachgemeinschaft hat das Recht, Städte außerhalb ihres Sprachgebiets selbst zu benennen. Oft hat dies lange Traditionen, wenn wir *Venezia* als *Venedig, Firenze* als *Florenz, Beijing* als *Peking* und auch *Wrocław* als *Breslau* benennen. Hierher gehören Landschaftsnamen, z.B. *Lombardei* für *Lombardia.* Andererseits heißt *München* in Frankreich *Munich,* in Italien *Monaco* und der *Schwarzwald* bei Briten *Black Forest.* Wir haben in der Regel eigene Namen für die Städte und Länder unseres Kommunikationsradius. Das müssen wir uns nicht aus vermeintlicher politischer Korrektheit nehmen lassen. Es wirkt lächerlich, wenn eine Nachrichtensprecherin den Namen *Barcelona* mit spanischer Spiranz herauslispelt.

Es ist die Globalisierung, welche auf normierte Namen drängt, in der Politik wie in der Kartographie. Gleichwohl ist es unser Recht, an Namen festzuhalten, die schon Jahrhunderte galten. Dass wir *Breslau* auch heute, wo es eine polnische Stadt ist und intern *Wrocław* heißt, im Deutschen *Breslau* nennen, ist keine verbale Rückeroberung, nur Bewahrung unseres Namenschatzes und der Erinnerung an schlesische Geschichte.

Arabische Zahlen

Manche Sprachfrage ist eigentlich eine Sachfrage. Das gilt auch für die *arabischen Zahlen.* Warum heißen sie so? Gemeint sind die Zahlzeichen, genauer gesagt die Ziffern von *0* bis *9.* Ursprünglich galten im Deutschen, übernommen mit der lateinischen Schrift, die römischen Zahlen. Sie nutzen bekanntlich die Buchstaben I, V, X, L, C, D und M für die Zahlen 1, 5, 10, 50, 100, 500 und 1000. Heute leben sie nur noch fort auf Uhren, auf Denkmälern und in anderen lexikalischen Nischen, zum Beispiel der Reihung von Herrschern und Päpsten. Es war Adam Riese, der Rechenmeister aus dem oberfränkischen Staffelstein, der die römischen Ziffern aus dem Rechenwesen verdrängt hat. Sein auf Deutsch verfasstes Rechenbuch *Rechnen auf der Linihen und Federn* (1522) erlebte bis ins 17. Jahrhundert 120 Auflagen. In der Wendung *nach Adam Riese* (‚richtig gerechnet') lebt es bis heute fort.

Der Ursprung unseres heutigen Zahlensystems liegt in der altindischen Brahmi-Schrift des 3. vorchristlichen Jahrhunderts mit Ziffern von 1 bis 9. Sie wurde 628 von dem indischen Astronomen und Mathematiker Brahmagupta um das Zeichen 0 für Null ergänzt. Die Eroberung Indiens und Persiens durch die Araber führte zur Übernahme dieses Schriftsystems. Wann und wie es ins Abendland gelangte, ist strittig. Man liest, ein Mönch namens Gerbert (der spätere Papst Sylvester II) habe es im 10. Jahrhundert in Katalonien übernommen. Eine andere Deutung nennt den Italiener Leonardo Fibonacci, der die Zahlzeichen in Algerien kennengelernt und in seiner Schrift Liber abaci (1202) eingeführt habe. Er nannte sie indische Ziffern. Es war dem römischen Fünfersystem für höhere Rechenarten weit überlegen.

Wer auch immer den Transfer ins Abendland bewerkstelligt hat, die ursprünglich indischen Zahlzeichen wurden über die arabische Welt vermittelt. Darum heißen sie bis heute *arabische Zahlen*. Die Vorgeschichte dieses Kulturtransfers lässt verstehen, warum es in Indien so viele Informatiker gibt, warum dort die Digitalisierung weiter fortgeschritten ist und warum wir gerade in Indien um Fachleute für Wirtschaft und Industrie werben. Auch die Multipliziertricks der sogenannten Vedischen Mathematik sind unseren Schulen bis heute verborgen geblieben.

Wir könnten diese Namengeschichte zum Anlass nehmen, den vorderen Orient und die arabische Welt weniger aus ihrer jüngeren Geschichte, aus Kolonialismus und Islamismus, zu verstehen und mehr aus ihren großen historischen Kulturen.

Tschüss *Deutsche Post*

Geniert sich die Deutsche Post ihres historischen Namens *Deutsche Post*? Der Konzern wirft ihn ab wie ein abgetragenes Kleid. Ab 1. Juli 2023 nennt er sich nicht mehr *Deutsche Post DHL Group* sondern nur noch *DHL Group*. Dies Kürzel dankt er der US-Logistik-Firma DHL, die 1969 von Adrian Dalsey, Larry Hillblom und Robert Lynn gegründet wurde. Ihre Namen leben in *DHL* fort. Das Kürzel blieb bewahrt, als der Konzern Deutsche Post 2002 die Firma gekauft hat. Mit DHL betreibt sie einen höchst lukrativen Paketdienst. International sei das eingeführt, der Name *Deutsche Post* aber werde garnicht verstanden, so verlautet es aus der Firma. Es geht um erhoffte Investoren, ums internationale Geschäft. Dazu dient besonders der Namenteil *Group*, ein nichtssagendes, inzwischen inflationär gebrauchtes Wörtchen. Hinz und Kunz nennen ihr Geschäft neuerdings *Group*, andeutend wie bedeutend, wie groß sie seien. Das hat die Deutsche Post überhaupt nicht nötig.

Das Wort *Post* hat eine lange Vorgeschichte: entlehnt aus italienisch *posta*, das zurückgeht auf lateinisch *posita* ‚Standort der Laufboten oder Pferde, die zur Beförderung aufgestellt wurden‘. Im römischen Kaiserreich wurde das Postwesen entwickelt, italienische Kaufleute haben es verbreitet. Franz von Taxis hat 1516, im Auftrag von Kaiser Maximilian I, die erste regelmäßige Postverbindung zwischen Wien und Brüssel eingerichtet. Das erste Reichsgesetz zum deutschen Postwesen stammt aus dem Jahre 1871.

Ist der Verzicht auf den deutschen Traditionsnamen überhaupt ein lohnendes Opfer? Hätte *Deutsche Post DHL* nicht genügt? Eine phraseologische Verbindung, die Tradition und Innovation im Namen vereint? Und hatte nicht einst *Made in Germany* einen guten Klang?

Interessanterweise wagt es der Konzern nicht, seinen Namen im Inland, im Bereich Briefzustellung zu ändern. Hier bewahrt er den Namenteil *Deutsche Post* mit dem Posthorn als Logo. Auch an der Börse bleibt es beim Namen *Deutsche Post*, hier war eine Änderung angeblich zu aufwendig. Wir sehen eine Konzernspitze, die sich windet zwischen robustem Gewinnstreben, ängstlicher Rücksicht und kleinkariertem Sparzwang. Tschüss Deutsche Post.

Die Zukunft des Deutschen

14.
Wird das Deutsche ein Dialekt des Englischen?

Dialekte sind Sprachen mit begrenzter Reichweite, gut geeignet für den mündlichen Sprachverkehr, aber schlecht ausgestattet für alle Domänen der Schriftlichkeit. Dazu fehlt es nicht nur an der nötigen Normierung, sondern vor allem am Wortschatz. Im Berliner Dialekt oder auf Kölsch lassen sich Fragen der Erkenntnistheorie oder der Theologie nur eingeschränkt bewältigen. Auch fehlt es den Dialekten am Wortschatz für Molekularbiologie und Nanotechnologie. Diesem Status nähert sich unsere Hochsprache, wenn die Deutschen in der wissenschaftlichen Kommunikation, in Vorträgen, im Unterricht, in Abhandlungen zum Englischen übergehen. Denn mit dem Sprachwechsel gehen ganze Domänen verloren. Am Ende bleiben nur die Bereiche des Alltagslebens und einiger Handwerke übrig. Deutsch verliert seinen Status als Universalsprache, es wird zu einem europäischen Dialekt. So wie wir es in unserer Nachbarschaft beobachten: die fränkischen Bierbrauer reden Dialekt, aber die Ärzte sprechen und schreiben hochdeutsch, wie auch die Pfarrer und die Lehrer.

Betrachten wir dazu ein Beispiel! Unlängst fand in einer deutschen Kleinstadt ein sprachwissenschaftlicher Fachkongress statt, ausgerichtet von der ‚Deutschen Gesellschaft für Sprachwissenschaft'. Die meisten Mitglieder sind Deutsche, so auch die meisten Kongressteilnehmer. Aber die meisten Referate und Vorträge wurden auf Englisch gehalten, auch von Deutschen und für Deutsche. Man radebrecht miteinander in der Weltsprache und ist gar noch stolz auf diese Errungenschaft. Das fordert meinen Widerspruch heraus, als Germanist und als Deutscher. Auch als akademischer Lehrer für deutsche Sprache frage ich: was wird aus dem Deutschen, wenn wir selbst im wissenschaftlichen Diskurs die eigene Sprache verleugnen, sogar über das Deutsche nicht mehr auf Deutsch schreiben? Welche Folgen wird diese mangelnde Loyalität einmal haben? Wie mögen andere dabei über uns denken? Sprachwissenschaftler aus Osteuropa, die das Deutsche oftmals sehr gut beherrschen, haben schon viele Male ihr Unverständnis geäußert über so viel Anbiederei. Bald werden sie sich nicht mehr trauen, ihre Vorträge auf Deutsch zu halten.

Was hier in den geisteswissenschaftlichen Fächern um sich greift, ist in den Naturwissenschaften, in Medizin und Technik längst verbreitete Realität. Um in der internationalen Zitier-Statistik dabei zu sein, wird zunehmend auf Englisch publiziert. Nur Englisch werde im Ausland noch gelesen, auf Deutsch bleibe man in einer toten Nische liegen. Entsprechend nehmen immer mehr deutsche Fachzeitschriften nur noch englische Manuskripte an.

Dies hat einschneidende Folgen für die Erhaltung und Weiterentwicklung der deutschen Wissenschaftssprachen. Und zwar in doppelter Hinsicht. Ein Charakteristikum aller Fachsprachen ist die ständige Erneuerung und Vermehrung des Fachwortschatzes. Die meisten neuen Erkenntnisse schlagen sich in neuen Bezeichnungen nieder, die Wissenschaftler geben damit ihren Einsichten Namen, durch die sie bekannt werden. Sowohl die Einsichten wie ihre Erfinder. Deshalb besteht in allen Fächern auch ein großer Bedarf an Fachwörterbüchern, die den Forschungsstand dokumentieren. Kreatives Denken im Fach und in der Sprache gehen hier Hand in Hand. Und es ist ein unschätzbarer Vorteil, wenn der Wissenschaftler in seiner Muttersprache denken kann, der einzigen Sprache, die er so perfekt beherrscht, dass er aktiv und kreativ an der Weiterentwicklung des Fachwortschatzes mitwirken kann. Muss er dagegen auf Englisch schreiben, bleibt sein Potential auf die magere Basis seiner meist rudimentären Sprachkenntnisse beschränkt. Er mag Englisch gut lesen können, aber Texte formulieren ist etwas anderes. Im Englischen verharrt er im wesentlichen in einer inaktiven Rolle.

Dies ist der eine Nachteil einer Dominanz des Englischen: die eingeschränkte Teilhabemöglichkeit aller Nicht-Muttersprachler des Englischen. Der andere betrifft die Ausbildung, den fachlichen Unterricht. Sind die Lehrbücher auf Englisch verfasst, weil Englischsprachige die fachlichen Domänen beherrschen, ist der Zugang für Schüler, Studenten und auch deutsche Wissenschaftler selbst nur durch das fremde Nadelöhr der englischen Sprache möglich. So werden wir es nicht schaffen, mehr Naturwissenschaftler und Techniker an unsere Universitäten zu locken! Und viele von denjenigen, welche dennoch kommen, werden sich bald gerne in der englischsprachigen Welt umsehen. Sind dort die Arbeitsbedingungen besser, die Gehälter lukrativer? Dort angekommen, werden sie vielleicht endlich so gut Englisch lernen, dass sie wie Muttersprachler wissenschaftlich denken und schreiben lernen. Unsere Anglomanie hat ihnen den Weg bereitet, Deutschland zu verlassen.

Die Parallele zu den Dialekten liegt nahe: Diese sind zwar die historischen Muttersprachen der Deutschen, doch die Domänen wissenschaftlichen Denkens gingen im 18. Jahrhundert vom Latein direkt in die deutsche Hochsprache über. An der Revolution von Wissenschaft und Technik seit der Mitte des 19. Jahrhunderts haben sie in ihrem Wortschatz nicht mehr teilgenommen. Auch dort, wo die Dialekte einmal die Alltagssprache waren, im Handwerk, in der Landwirtschaft, können sie heute nicht mehr mithalten. Neue Techniken mit hochsprachlicher Terminologie prägen die aktuellen Fachsprachen. Die Mundartforscher sammeln liebevoll die sprachlichen Relikte früherer Lebens- und Arbeitswelten. Die Volkskundler stellen die alten Geräte ins Museum. Bereits die nächste Generation kann nicht mehr mit ihnen umgehen und weiß nicht, wie sie heißen. Die Dialekte haben im Laufe von anderthalb Jahrhunderten wesentliche Domänen der Kommunikation eingebüßt. Sie taugen gerade noch für den Plausch über den Gartenzaun, für die Familie und den Stammtisch.

Und das ist das drohende Schicksal des Deutschen und aller anderen großen und kleinen europäischen Sprachen. Sie werden in ihrem sprachlichen Status nach und nach zu Dialekten des Englischen. Mit jeder fachlichen Domäne, die dem Englischen geopfert wird, geht ein Stück Universalität verloren. Dies ist ein schleichender Prozess, der Generationen dauert, dann aber unabwendbar ist.

Gibt es dagegen eine Medizin? Sind wir dem Sog des Englischen wehrlos ausgeliefert? Wird das Deutsche in ein paar Jahrhunderten nur noch eine Eingeborenensprache in der Mitte Europas sein? Es gibt Widerstand, es gibt Gegenrezepte. Ein Beispiel gibt die international renommierte Fachzeitschrift ‚Angewandte Chemie'. Vor 45 Jahren begann auch sie auf Englisch zu publizieren, führte aber gleichzeitig die traditionelle deutschsprachige Ausgabe weiter. Ein Stab von deutsch- und englischsprachigen Chemikern übersetzt die Beiträge hin und her, sorgt besonders für eine fachgerechte Übersetzung der Fachterminologie und schafft damit den deutschen Schülern, Studenten und Wissenschaftlern die Möglichkeit, angewandte Chemie in ihrer Muttersprache zu lernen und zu erforschen. Dafür wurde die Redaktion 2007 mit dem ‚Institutionenpreis Deutsche Sprache' ausgezeichnet.

Was die Redaktoren dieser naturwissenschaftlichen Zeitschrift erfolgreich praktizieren, kann ein Modell sein für viele Wissenschaften und auch für viele Branchen in Handel und Industrie. Man nennt es ‚rezeptive Mehrsprachigkeit'. Damit ist gemeint: die passive, verstehende Beherrschung von Fremdsprachen, voran des Englischen, aber auch weiterer Fremdsprachen. Die eigene Sprache wird weiterhin aktiv in Wort und Schrift gebraucht. Das bedeutet: Bewahrung der Universalität der Muttersprache in allen Domänen, zugleich aber vermehrter Zugang zu anderen Sprachen. Im Zeitalter der weltweiten Informations-Vernetzung ist vor allem das Leseverständnis vieler Sprache ein großer Vorteil. Aber man soll nicht versuchen, Texte in Fremdsprachen zu schreiben. Das bleibt rudimentär. Dafür gibt es Übersetzer, die es können, die es gelernt haben. Wenn wir weiter deutsch schreiben und auf Kongressen deutsch vortragen, schützen wir unsere Sprache vor dem Abrutschen in die Dialektrolle und wir erhalten Kindern und Enkeln eine universale Sprache.

15.

Besprechungen

Wie europäisch ist die deutsche Sprache?

Gisela Zifonun: *Das Deutsche als europäische Sprache. Ein Porträt.* Berlin/Boston: De Gruyter 2021, 355 Seiten.

Deutschland und Europa – das hat unsere Geschichte über Jahrhunderte geprägt. Kriege, um nur eines zu nennen, waren Kriege mit den Nachbarn. Freundlicher ist der Kontakt in Kunst und Literatur, das war immer ein intensives Geben und Nehmen. Auch die deutsche Sprache ist von Europa geprägt worden. Was aber ist das Europäische am Deutschen? Drei Aspekte stehen hier im Vordergrund: Zunächst die zentrale Lage, der Geltungsbereich der deutschen Sprache. Daraus haben sich intensive Kontakte zu den Nachbarsprachen ergeben. Dies erkennt man am deutlichsten am Wortschatz. Und schließlich stellt sich die Frage: Gibt es spezifische Gemeinsamkeiten in der Grammatik der europäischen Sprachen? Oder sind gerade die Unterschiede das Interessante? Diesem schwierigsten Thema hat sich Gisela Zifonun, langjährige leitende Mitarbeiterin am Mannheimer Institut für deutsche Sprache, in diesem Buch gewidmet

Beginnen wir mit dem Nächstliegenden. Keine europäische Sprache hat so viele Nachbarsprachen wie das Deutsche: Dänisch im Norden, Polnisch, Tschechisch, Slowakisch und Ungarisch im Osten, Serbisch und Slowenisch, Rätoromanisch, Italienisch und Spanisch im Süden sowie Letzeburgisch, Französisch, Niederländisch, Friesisch im Westen.

Aber auch über See haben wir Nachbarn: Englisch, Norwegisch, Isländisch, Schwedisch, Finnisch, Litauisch. Ein anderer Aspekt ist die Verbreitung des Deutschen in Europa. Es ist Nationalsprache in der Bundesrepublik, in Österreich, Lichtenstein, Italien (Südtirol), Belgien und der Schweiz, zudem bei anderen eine geschützte Minderheitensprache. Das deutsche Sprachgebiet franzt sozusagen aus zu den Nachbarn. Das war vor dem Zweiten Weltkrieg noch viel ausgeprägter. Flucht und Vertreibung aus ehemaligen Siedlungsgebieten haben das Deutsche weitgehend auf sein Kerngebiet eingeschränkt.

Die geographische Lage im Zentrum Europas war maßgebend für intensive Nachbarschaftskontakte. Diese sind immer auch Sprachkontakte. Und so sind die zahllosen Entlehnungen aus dem Französischen, dem Italienischen und den slawischen Sprachen Zeugen regen Austauschs über die Grenzen. Für das Englische war die Hafenstadt Hamburg seit dem 18. Jahrhundert das sprachliche Einfallstor.

Aber auch umgekehrt sind deutsche Wörter als Entlehnungen in alle Nachbarsprachen aufgenommen worden, am stärksten in die nordischen Sprachen, dank der bedeutenden Rolle der Hanse. Vor allem das Niederdeutsche hat Dänisch und Schwedisch in Wortschatz und Wortbildung mitgeprägt. Darum sind diese Sprachen – zumindest lexikalisch – für uns leicht zu lernen. Auch Polnisch, Tschechisch, Slowakisch und Ungarisch sind reich an deutschen Entlehnungen. Nach Osten und Norden war Deutsch meist die gebende, von Westen und Süden die aufnehmende Sprache.

Zum Thema Entlehnung gehört aber auch das Gegenstück, deren Ablehnung. Der Widerstand begann in der Barockzeit als Kampf um eine eigenständige Literatursprache und kulminierte im Kaiserreich in den Aktivitäten des Allgemeinen deutschen Sprachvereins. Die Abwehr des Fremden in der Sprache drückt sich im Deutschen durch ein eigenes Wort aus: Fremdwort. So wurden seit Ende des 19. Jahrhunderts hunderte ‚Fremdwörter' aus dem Französischen und Lateinischen durch Eigenprägungen ersetzt. Seitdem hat der *Bürgersteig* das *Trottoir* ersetzt, der *Eilbrief* die *Depesche* und der *Regenschirm* den *Parapluie.* In der Nachkriegszeit – und das gilt bis heute – hat sich der Zorn gegen das Fremde im Deutschen gegen die Anglizismen gewendet, auch Ausdruck eines Unbehagens über eine gewisse angelsächsische Dominanz nicht nur sprachlicher Art.

Mit diesem Rundblick auf die Kontakte des Deutschen zu seinen Nachbarsprachen wird jedoch nur der jüngere Teil der gegenseitigen sprachlichen Beziehungen angesprochen. Viel bedeutender und nachhaltiger ist bis heute das gemeinsame Erbe der lateinischen Sprache. Latein war die Lingua Franca, die gemeinsame europäische Schriftsprache des Mittelalters und der Frühen Neuzeit. Nicht nur die großen romanischen Sprachen Französisch, Spanisch, Portugiesisch, Italienisch und Rumänisch sind Erben des Lateins. Auch die germanischen Sprachen, also Englisch, Deutsch, Niederländisch, die nordischen Sprachen sowie Ungarisch und die slawischen Sprachen haben Tausende von Latinismen in ihren Wortschatz aufgenommen. Das ist die Folge jahrhundertelanger Zweisprachigkeit von Latein als Schriftsprache und den vielen Volkssprachen. In Ungarn galt Latein noch bis ins 19. Jahrhundert als Sprache der Gesetze und des Parlaments. Immanuel Kant schrieb seine Dissertation auf Latein. Wir können in deutscher Sprachgeschichte verfolgen, wie die Adaption mediterraner Kultur und Wissenschaft durch die Übernahme von Latinismen begleitet wurde. So sind Jurisprudenz, Theologie und Philosophie, Medizin und die Naturwissenschaften durchsetzt mit ehemals lateinischem und griechischem Wortschatz (letzterer vermittelt durch das römische Latein). Dieser ‚Fremdwortschatz' im Deutschen wie in anderen europäischen Sprachen ist ein gemeinsames Erbe, das sie mit den romanischen Nachfolgern des Lateins verbindet.

Der Kontakt europäischer Sprachen mit dem Lateinischen endete jedoch keineswegs mit ihrem Sieg über das Latein, mit dessen Aussterben als Schriftsprache. Die Aufnahme von Latinismen ins Deutsche und andere europäische Sprachen hält bis heute an. Das hat die Germanistische Linguistik erst vor wenigen Jahrzehnten entdeckt. Bei der Anlage eines Herkunftsregisters für das mehrbändige Deutsche Fremdwörterbuch stellte der Bearbeiter Alan Kirkness fest, „dass der Großteil der Fremdwörter im Deutschen nicht – wie allgemein angenommen – aus anderen Sprachen entlehnt, sondern innerhalb des Deutschen mit (teilweise) entlehnten Komponenten, gebildet wird." Oft wurden Muster lateinischer Wortbildung übernommen. So sind die meisten deutschen Abstrakta mit der Endung *-ismus* nicht dem Latein entlehnt, sondern erst im Deutschen gebildet, zum Beispiel *Naturalismus* (1777) *Liberalismus* (1822), *Rassismus* (1926). In diesem Bereich herrscht überdies ein reger Austausch unter den europäischen Sprachen. Zum Beispiel sind *Snobismus* und *Sentimentalismus* dem Englischen, *Kommunismus* und *Fanatismus* dem Französischen entlehnt. So setzen sich die Fremdwortfamilien im Deutschen aus älteren und neueren Entlehnungen sowie Eigenbildungen zusammen. Die Gesamtheit des griechischen und lateinischen Erbes in den europäischen Sprachen wird in einem Sammelbegriff als ‚Eurolatein' bezeichnet. Das Deutsche hat daran großen Anteil. Das macht es am deutlichsten zu einer europäischen Sprache.

Inzwischen fällt dem Englischen zunehmend die Rolle einer Lingua franca in Europa zu. Das äußert sich nicht nur in der wachsenden Zahl von Anglizismen in den europäischen Sprachen, sondern auch in der Wahl als Unterrichtssprache in den Universitäten und als Verkehrssprache in international orientierten Firmen. Auch darin gleicht das Deutsche anderen europäischen Sprachen.

Schwieriger ist es, das Gemeinsame und das spezifisch Deutsche in der Grammatik europäischer Sprachen zu bestimmen. Zifonun hat Englisch, Französisch, Polnisch und Ungarisch zum Vergleich ausgewählt. Viele andere kommen von Fall zu Fall hinzu. Das Besondere ihres Buches ist die Darstellung der grammatischen Grundzüge des Deutschen vor dem Hintergrund dieser Sprachen. Sie können das Gleiche ausdrücken, doch sie tun es oft mit anderen morphologischen und syntaktischen Mitteln. So sehen wir das Deutsche vergleichend aus einer Vogelperspektive. Gisela Zifonun gelingt es, ihre Ergebnisse mit einer verständlichen Einführung in die neueren Methoden grammatischer Analyse zu verbinden. Fachwortschatz wird erklärt, viele Beispiele erläutern jedes Phänomen. Die Autorin schöpft aus jahrzehntelanger Forschungserfahrung.

Hier seien exemplarisch nur wenige Punkte herausgegriffen, welche die Eigenart der deutschen Sprache ausmachen. Wir beginnen mit der Lautstruktur: der häufigste Buchstabe des Deutschen ist ‚e'. Der Grund: der feste Akzent auf der Stammsilbe hat alle Nebensilben geschwächt. So wurde aus den drei althochdeutschen Pluralformen *zungûn, zungôno, zungôm* durch die Reduktion der vollen Vokale zum Reduktionsvokal Schwa unsere Einheitsform *Zungen.* Solcher Lautwandel hat den Informationsgehalt von Endungen verringert und Prozesse ausgelöst, die Ersatz liefern. Heute übernehmen begleitende Artikel und Pronomina zunehmend die Informationen zu Numerus und Kasus eines Substantivs.

Die Linguistik sagt: der ursprünglich synthetische Sprachbau wandelt sich zum analytischen.

Ein Charakteristikum des Deutschen ist das System seiner Wortbildung. Es gibt drei Schwerpunkte: Verben werden vorallem durch zahlreiche Präfixe (also links) modifiziert, Substantive durch Suffixe (also rechts), besonders entwickelt und vielfältig ist die Komposition. Einem ‚Kopf' als Kern können links Attribute aus allen Wortarten angefügt werden, zum Beispiel kann *Garten* durch Anfügen eines Substantivs, eines Adjektivs, Verbs oder einer Präposition zu *Lustgarten, Kleingarten, Lehrgarten, Vorgarten* erweitert werden. *Vorgarten* kann selbst wieder zum Attribut werden in *Vorgartenzwerg* und dieses zu *Vorgartenzwergkultur.* Immer bestimmt der Kopf das Genus des Kompositums, nach ihm richten sich Numerus und Kasus des gesamten Wortes. Die ‚Bestimmungswörter', wie sie traditionell genannt werden, verlieren in dieser Rolle ihre grammatischen Eigenschaften. Völlig anders modifiziert das Französische. In *nain de jardin* für den ‚Gartenzwerg' wird das Attribut zu *jardin* syntaktisch angefügt. Dies unterscheidet weite Teile des deutschen und französischen Wortschatzes.

Ein zentraler Baustein deutscher Syntax ist die Nominalphrase, ein Substantiv, das meist von Attributen und Artikelwörtern umrahmt wird. Diese passen sich in Genus, Numerus und Kasus chamäleonartig an diesen Kopf der Konstruktion an. Rechts können ein Genitivattribut (*das Erbe* der *Eltern*) oder präpositionale Attribute stehen (*die Hoffnung aufs Erbe*), der Platz links ist adjektivischen Attributen vorbehalten, die ihrerseits erweitert werden können. So können umfangreiche, von mehrstöckigen Attributen bereicherte, auf Anhieb schwer verständliche Nominalphrasen einen Text einleiten. Dieser Satz mit Nominalphrasen als Kopf kann als einfaches Beispiel dienen. Der Leser oder Hörer muss einiges speichern, bevor er erfährt, worauf sich die Attribute beziehen. Mit dieser Besonderheit des Deutschen hängt auch unsere Substantivgroßschreibung zusammen, ein Alleinstellungsmerkmal deutscher Rechtschreibung, das schon viele Reformer – bisher vergeblich – abzuschaffen versuchten. Durch Großschreibung wird der Kopf einer Nominalphrase besonders sichtbar gemacht. Dies ist auch deshalb von Belang, da der Bestand von Substantiven durch Nominalisierung anderer Wortarten (*das Grün, das Leben, das Für und Wider*) fast beliebig vermehrt werden kann. Sprachkritik moniert diese Eigenart vieler schriftsprachlicher Texte als Substantivitis.

Viele Schwierigkeiten bereitet Deutschlernern das System der Verbklammer. Hilfs- und Modalverben können am Anfang eines langen, mit vielen Adverbialen bestückten Mittelfeldes stehen. Auch hier muss der Leser oder Hörer viel Text speichern und abwarten, bis am Ende das Hauptverb kommt, das die semantische Auflösung bringt. Berüchtigt ist auch die Spaltung trennbarer Verben zu einer Klammer. Mark Twain hat dies in seinem Essay ‚The Awful German Language' verspottet. Interessant ist auch Zifonuns Stellungnahme zur Genderdebatte und zum Generischen Maskulinum. Die erfahrene Grammatikforscherin macht deutlich, wie sehr das Nebeneinander markierter und unmarkierter Formen in Grammatik und Lexik des Deutschen verankert ist. Sagen wir *drei Tage Regen,* dann meinen wir ‚dreimal 24 Stunden', sagen wir *bei Tag und Nacht*, so ist mit *Tag* nur die helle Tageszeit gemeint. Die eingeschränkte, die ‚markierte' Bedeutung (helle Tageszeit) ist im ersten Beispiel sozusagen einverleibt. So ist es auch beim *Wähler:* gemeint sind Personen, die wahlberechtigt sind, weibliche wie männliche. Dies ist ein Prinzip sprachlicher Ökonomie, das – so die Prognose von Zifonun – die aktuellen Gender-Empfehlungen sicher überleben wird.

Wichtig ist vor allem, dass Personenbezeichnungen in der Rechtssprache unserer Gesetze immer unmarkiert, also nicht-geschlechtsspezifisch gebraucht werden. Auf einem anderen Blatt stehen die Möglichkeit und der gute Rat, gewollten oder ungewollten Missverständnissen durch explizite Doppelnennungen wie *Wähler und Wählerinnen* aus dem Wege zu gehen.

Als Fazit aus diesem Buch hebe ich zwei Punkte hervor: Sprachwandel ist ein sehr langsamer, sich über Jahrhunderte und Jahrtausende hinziehender Prozess. Niemals wird ein Phänomen sofort durch ein anderes ersetzt. So zieht sich der Umbau der Verbflexion von den ablautenden Verben (*sprechen/sprach/gesprochen*) zu den schwachen Verben mit t-Suffix (*machen/machte/gemacht*) schon seit althochdeutscher Zeit hin. Und als zweites wurde immer wieder deutlich: Jeder Wandel ist beherrscht von dem Bemühen um Ökonomie. Hier gilt das Motto: möglichst viel Information mit möglichst wenig Aufwand.

Europäische Sprachvergleiche sagen viel über das Gemeinsame und das Verschiedene. Solche ‚Europäische Linguistik' verdient die Aufmerksamkeit der Forschung und der Politik.

Reichtum und Armut der deutschen Sprache.

Deutsche Akademie für Sprache und Dichtung, Union der deutschen Akademien der Wissenschaften (Hrsg.): *Reichtum und Armut der deutschen Sprache. Erster Bericht zur Lage der deutschen Sprache*. De Gruyter: Berlin 2013, 233 Seiten.

Dies Buch ist die Frucht eines anspruchsvollen Projekts. Zwei der angesehensten Institutionen des deutschen Kultur- und Wissenschaftsbetriebs, die Deutsche Akademie für Sprache und Dichtung und die Union der deutschen Akademien der Wissenschaften haben sich vorgenommen, die Lage der deutschen Sprache zu untersuchen. Das hat es bisher nicht gegeben, denn wir Deutschen haben keine Sprachakademie, die sich hier zuständig fühlt. Debatten ums Deutsche hat es seit Beginn des 19. Jahrhunderts gegeben. Das dokumentiert ein Sammelband von Walther Dieckmann (1989), aus dem der blumige Titel ‚Reichtum und Armut deutscher Sprache' entlehnt ist. Das Spektrum aktueller Sprachdebatten ist breit. Über zehn Jahre dauerte die Auseinandersetzung um eine Rechtschreibreform, eine wahre Sprachkulturdebatte, die mit dem Debakel einer mageren und noch immer umstrittenen Neuregelung endete. Ein Dauerbrenner ist die Anglizismenfrage. Haben wir das Deutsche aufgegeben, wenn wir zunehmend englische Entlehnungen gebrauchen und Englisch in den Universitätsunterricht aufnehmen? Seit langem bekannt und beklagt ist der abnehmende Gebrauch des Deutschen in europäischen Institutionen, in internationalen Fachzeitschriften und auf wissenschaftlichen Kongressen. Das jüngste Debattenthema hat den Namen Kiezdeutsch. Es geht um die Reduktionssprache von Jugendlichen, vor allem türkischer und arabischer Herkunft. Sieht so etwa das künftige Deutsch aus? Andererseits beunruhigt viele der dramatische Niedergang im Gebrauch der regionalen Dialekte. Gehen damit nicht kulturelle Traditionen ganzer Landschaften verloren? Das Gemeinsame dieser Themen ist das öffentliche Interesse, das sie finden in den Medien, in Bürgerinitiativen und in neuen Sprachvereinen. Wohingegen sich Parteien und politische Institutionen bisher für unzuständig erklärt haben. Und wo sie sich einmischten, bei der Rechtschreibung, haben sie es längst bereut.

Vor diesem Hintergrund verdienen der gemeinsame Vorstoß der Akademien und die Mitwirkung angesehener Sprachwissenschaftler schon vorab Anerkennung. Zumal hier erstmals der Versuch unternommen wird, mit den neueren Methoden der Korpuslinguistik große Datenmengen zu analysieren. Grundlage ist das Kernkorpus des Digitalen Wörterbuchs der deutschen Sprache (DWDS) der Berlin-Brandenburgischen (ehemals Preußischen) Akademie der Wissenschaften. Aus ihm wurden 30 Millionen Wortvorkommen aus drei 10-Jahres-Perioden des 20. Jahrhunderts ausgewählt: je 10 Millionen aus dem späten Kaiserreich (1905–1914), der Nachkriegszeit (1948–1957) und der Jahrtausendwende (1995–2004). Diese enthalten in gleichen Teilen Texte aus Belletristik, Gebrauchsprosa, aus Zeitungen und Wissenschaft, also einen repräsentativen Ausschnitt der Verwendung des Standarddeutschen. Ergänzend wurden für die dritte Periode das Referenzkorpus des Mannheimer Instituts für deutsche Sprache (IdS) sowie ein umfangreiches Zeitungskorpus herangezogen, insgesamt über eine Milliarde Wortformen. Über Aufbau und Nutzung der Korpora berichtet Barbara Seelig im Anhang des Buches, eine kleine Einführung in die Möglichkeiten und Probleme korpuslinguistischer Arbeit. Es geht um die automatische Bestimmung der Lemmata, d.h. der Grundformen von Substantiv, Verb, Adjektiv, Adverb aus den Wortformen im Text, um morphologische Markierungen und semantische Differenzierung (ist *Kohl* ein Eigenname oder Gemüse?) und immer wieder um die manuelle Nachbearbeitung, denn Computer haben kein Sprachwissen, sie können nur zählen und eingegebene Programme ausführen, die von Sprachwissenschaftlern ersonnen wurden.

Der Hauptteil beginnt mit der Untersuchung von Wolfgang Klein, der sich (quasi vom Amts wegen) als Direktor des Digitalen Wörterbuchs der deutschen Sprache mit ‚Reichtum und Armut des deutschen Wortschatzes' befasst. Es geht um den Gesamtumfang des deutschen Wortschatzes im 20. Jahrhundert, um Zuwachs und Abgänge in den drei Perioden, um

Textsortenunterschiede und Häufigkeiten. Das 10-bändige Dudenwörterbuch hatte ca. 175.000 Wörter und das Grimmsche Wörterbuch etwa 350.000 Wörter dokumentiert. Klein zählt allein in seinem Korpus der Gegenwartssprache rund 5 Millionen Lemmata, wobei Eigennamen und Fachwortschätze bereits ausgesondert sind. Diese gewaltige Diskrepanz zeigt die Problematik solcher Angaben. Klein erläutert dies am Beispiel der Komposita. Sie werden nur in Wörterbücher aufgenommen, wenn sie eine spezifische lexikalisierte Bedeutung haben, wohingegen automatische Zählungen alle im Korpus vorkommenden Bildungen verzeichnen. Das macht ein sehr ökonomisches Phänomen unseres Sprachwissens sichtbar: wir haben nur einen begrenzten lexikalischen Bestand gespeichert (maximal etwa 70.000 Wörter), verfügen aber zusätzlich über das operationale Regelwissen der Wortbildung, das uns jederzeit die Bildung neuer Wörter und deren Entschlüsselung (in Gespräch und Lektüre) erlaubt. Und weil unsere Kommunikation kaum ohne Eigennamen, Abkürzungen und viele Fachwortschätze auskommt, haben die Zahlen über Wortschatzumfänge nur geringen Wert. Auch das lernt man aus diesem Beitrag. Weiter erfährt man, dass der Wortschatz in 90 Jahren etwa um ein Drittel gewachsen ist, daß hieran die Zeitungstexte den größten Anteil haben, die Belletristik fast gar keinen. Das kann nicht überraschen. Man vergleiche die Themenbreite heutiger großer Tageszeitungen mit jener um die Jahrhundertwende! Auszählungen über die häufigsten Wörter in allen drei Zeitabschnitten zeigen die große Kontinuität des Wortschatzes: die 20 häufigsten sind in fast allen drei Korpora vertreten, außer *Gott*, das vom 11. Platz hinter den hundertsten zurückfällt. Dagegen zeigt die Statistik seit den 70er Jahren einen steilen Anstieg bei *Sex.* So hat Klein in exemplarischen Auswertungen Möglichkeiten und Probleme korpusbezogener Wortschatzanalysen vorgeführt.

Aktueller Sprachkritik am nächsten steht der Beitrag von Peter Eisenberg, Mitglied der Mainzer Akademie, über Anglizismen im Deutschen. Es geht um ihren Umfang und ihre Wirkung im Gesamtwortschatz. Einleitend wird die Frage erörtert, ob die verbreitete Kritik am Sprachgebrauch in den Medien, der Werbung, der Wirtschaft den Rückschluss zulässt, daß die Sprache selbst Schaden genommen habe – eine lesenswerte Einführung in Bedeutung und Gefahren des sprachkritischen Diskurses. Was Anglizismen sind, liegt aber keineswegs auf der Hand. Die weiteste Definition bietet das große Anglizismenwörterbuch von Carstensen und Busse (1993–1996), das neben Entlehnungen, Eigenbildungen (wie z.B. *Handy*) und Hybridbildungen (wie z.B. *Couchtisch* oder *Schlagerderby*), auch sämtliche Lehnübersetzungen (z.B. *Essen auf Rädern* nach engl. *meals on wheels*) und Lehnbedeutungen (z.B. ‚*Maus* (am PC)' nach engl. *mouse*) enthält. Das ist die diachrone Perspektive: ‚was alles haben wir aus dem Englischen gewonnen?' und ‚was haben wir daraus gemacht?' Eisenberg dagegen beschränkt sein Untersuchungskorpus auf den Anglizismenwortschatz, der synchrone Fremdheit anzeigt, d.h. der phonologische, graphematische oder morphologische Fremdelemente enthält, z.B. [dʒ] in *Dschungel*, die Schreibweise <ea> für ein langes [i:] in *Deal*, die Suffixe *-ity* und *-ing* in *Publicity* und *Meeting* oder die Verwendung des s-Plurals z.B. in (die) *Bluffs*. Solche Belege kann ein Computer nicht vollständig und eindeutig erkennen, sie mussten manuell bestimmt werden. Die vergleichenden Auszählungen aus der ersten und der dritten Zeitscheibe sind in zahlreichen Tabellen vorgeführt. Daraus einige Ergebnisse in Stichworten: Die Anzahl der Anglizismen hat sich in 90 Jahren verzehnfacht, zwei Drittel sind allerdings Hapaxlegomena (nur einmal belegt), 95% sind Substantive (am häufigsten *Lord* und *Streik* in der ersten, *Dollar* und *Team* in der dritten Zeitscheibe), davon 85% bzw. 93%

Komposita. Auffällig und bisher weit unterschätzt ist die große Anzahl von sog. hybriden Bildungen wie z.B. *Babystuhl, austrainiert* oder *einscannen,* in der Regel Weiterbildungen des Deutschen aus entlehntem und deutschem Element. Sie zeigen, dass der englische-deutsche Sprachkontakt inzwischen, ähnlich wie zuvor der deutsch-lateinische, von der Entlehnungsphase in die Phase der produktiven Fremdwortbildung mit entlehnten Elementen übergegangen ist. So haben sich um einzelne Entlehnungen ganze Wortfamilien entfaltet wie z.B. zu *Team*: *Teamarbeit, Teamgeist, Teamchef(in), Teammanager, Teamer(gruppe), teamfähig, Teamfähigkeit.* Fazit: Diese Recherche war außerordentlich ergiebig und lohnt die Weiterführung, z.B. in den Bereich der Wortbildung und Flexion. Zählenswert ist auch die Verlustquote von Anglizismen in 90 Jahren, denn gerade im Fremdwortschatz ist die Fluktuation sehr groß. Die spezifische Semantik von Entlehnungen (im Vergleich zur Quellsprache), auf die Eisenberg gelegentlich hinweist, dürfte jedoch vorerst einer statistischen Korpusanalyse unzugänglich sein.

Ludwig M. Eichinger, Direktor des Mannheimer Instituts für deutsche Sprache (IdS) widmet sich der Entwicklung der Flexion bei Substantiven, Adjektiven, Verben (S. 121–170). Veränderungen im Kern des deutschen Sprachsystems wie z.B. der Ersatz des Genitivs (*der Dativ ist dem Genitiv sein Tod*) werden oft als Sprachverfall wahrgenommen. Um diese und andere Schwankungen im Kasusgebrauch zu erklären, beschreibt Eichinger zunächst anhand vieler Textbeispiele die komplizierte Struktur der Substantivflexion. Ein Grundzug ist dabei die Vermeidung von Mehrfachmarkierung eines Kasus wie noch im Titel von Goethes Roman *Die Leiden des jungen Werthers.* Heute würde Goethe den Namen ohne Genitiv-s schreiben und damit der fortschreitenden Entwicklung zur sog. Monoflexion, d.h. der Flexion an nur einer

Stelle der Substantivgruppe entsprechen. Dies ist nur ein Beispiel für sehr langsamen Systemwandel. Er führt zu Gebrauchsvarianten, die teils für fehlerhaft, teils für veraltet gehalten werden. Ähnlich steht es bei der Tempusbildung der Verben. Die starke Flexion mit dem Wechsel des Stammvokals im Präteritum und Perfekt war schon in althochdeutscher Zeit nicht mehr produktiv, für Neubildungen und Entlehnungen gibt es im Deutschen seitdem nur die schwache Konjugation. Nun setzte, aber sehr langsam, der Wechsel vieler Verben von der starken zur schwachen Konjugation ein. Unter *bellen* im Grimmschen Wörterbuch (1, S. 1451f.) finden sich bis ins 19. Jh. Belege, wo *der Hund boll* bzw. *gebollen* hat und heute fragen wir, ob *laute Rufe erschollen* oder *erschallten.* Man sieht daran, wie sich systematischer Wandel vollzieht und Varianten erzeugt, die sprachkritisch hinterfragt werden. Eichinger geht der Entwicklung solcher Schwankungen systematisch nach. Dabei beobachtet er auch unterschiedliche Entwicklungen bei den vier Textsorten oder einzelnen Wörtern. So hält sich z.B. das Dativ-e bei stilistisch hochwertigen Wörtern wie *Tod* und *Leib* länger als bei *Band* und *Hund. Die* letzte Bastion des Dativ-e sind viele feste Wendungen wie *Das Kind mit dem Bade ausschütten, zu Tode betrübt, in aller Munde.* Fazit: Der Leser lernt viel über unsere Sprache und wird vielleicht nicht mehr so häufig beim IDS oder der Dudenredaktion anfragen, welche Variante richtig und welche falsch ist.

Angelika Storrer, erfahrene Korpuslinguistin an der Universität Dortmund, widmet sich einem scheinbar randständigen Ausschnitt aus dem deutschen Wortschatz, den sog. Streckverben, Konstruktionen wie *Unterricht erteilen* oder *etw. zur Anwendung bringen,* die mit den einfachen Verben *unterrichten* bzw. *anwenden* konkurrieren. Sie werden in Stilfibeln und bei Sprachkritikern als ‚Sprachbeulen' oder ‚Papierdeutsch' verteufelt. Zahlreiche Untersuchungen haben dies inzwischen abgewiesen bzw. differenziert, aber bis heute fehlte eine repräsentative korpusbasierte Recherche, die zwei Fragen beantwortet: wie hat sich dieser symptomatische Fall eines typisch deutschen Nominalstils seit Beginn des 19. Jahrhunderts entwickelt und in welchen Textsorten tritt er gehäuft auf? Die Autorin hat dazu das gemeinsame DWDS-Korpus um 80 Millionen Textwörter aus juristischen Fachtexten und 550 Millionen aus Wikipedia ergänzt, woraus dann die gesuchten Streckverben weitgehend manuell herausfiltert wurden. Die wichtigsten Ergebnisse dieser sorgfältigen Studie sind: Nicht die Amts- oder Juristensprache, sondern die Prosa der Journalisten macht den ausgiebigsten Gebrauch von Streckverben, während diese in der Belletristik eher gemieden werden. Ihr Bestand ist seit dem Beginn des 19. Jahrhunderts gleichbleibend. Ein in vielen Stichproben durchgeführter Vergleich mit den Grundverben hat gezeigt, dass in den meisten Kontexten Streckverben und einfache Verben syntaktisch, textuell und semantisch nicht austauschbar sind. Ihre spezifische Bedeutung wurde hier nicht behandelt. Sie liegt häufig in der Variation des verbalen Aspekts, man vergleiche z.B. *in Bewegung geraten* (inchoativ), *etwas in Bewegung bringen* (kausativ) und *in Bewegung sein* (durativ). Für solche Analysen kann die Korpuslinguistik nur die Daten bereitstellen, aber nicht den sprachkompetenten Bearbeiter.

Der gemeinsame Tenor der vier Untersuchungen zu Wortschatz, Flexion, Anglizismen und Streckformen ist: dokumentieren und erklären. Das entkräftet manche Kritik am Zustand der deutschen Sprache, ist aber zugleich ein Aufruf zu verantwortungsvollem Sprachgebrauch. Gleichwohl bleibt am Ende ein Unbehagen bei der Überlegung: Welche Fragen zur Lage der deutschen Sprache werden damit eigentlich beantwortet, welche sind ausgeblendet? Mich hat das Buch bei erstem Hinsehen an den Witz vom verlorenen Schlüssel erinnert. Ein Mann kriecht nachts unter einer Laterne herum. Kommt ein Spaziergänger vorbei und fragt „was verloren?", „mein Schlüssel", sagt der Mann. „Hier verloren?" fragt der Spaziergänger. „Weiß nicht, aber hier ist gut suchen". Wo liegt die Parallele? Die Experten suchen zunächst dort nach der Lage des Deutschen, wo sich gut suchen lässt: in der Standardsprache, an digitalisierten Korpora, wo ihnen die Rechenleistung der Computer als helle Laterne zu Hilfe kommt. Das war gut so und ergebnisreich. Doch wenigstens im ausführlichen Vorwort hätte der Ausschnitt gegenüber dem Gesamtthema markiert werden sollen, der für die Untersuchung ausgewählt wurde. Herrscht hier die Betriebsblindheit einer traditionell philologischen Disziplin, welche die Sprache vor allem als Buchstabenkette auf Stein, Pergament, Leder, Papier oder auf dem Bildschirm wahrnimmt?

Lassen wir kurz Revue passieren, was zum Thema des Buchtitels gehört: Verbreitung des Deutschen als Muttersprache und als gelernte Fremdsprache, Verwendung in europäischen Institutionen, in global agierenden Konzernen, in innovativen Branchen und Fachwissenschaften. Zum Thema gehört auch die Frage nach der Beherrschung der Rechtschreibung, der Textproduktion und der Lesefähigkeit. Hat das Internet unser Sprachwissen, unser Sprachverhalten beeinflusst? Ein zentraler Bereich ist das weite Feld gesprochener Sprache: als Standard, Dialekt, Umgangssprache, als Minderheiten-, als Migrantensprache. Sie gelten als die Primärsprachen des Menschen, welche die Sprachentwicklung prägen. Die Autoren dieses Sammelbandes haben mehrfach auf den Rang gesprochener Sprache hingewiesen. Dies ist das Feld einer sinnvollen, umfassenden Fortsetzung des vorliegenden Projekts, das im Titel vielversprechend als ‚erster Bericht' bezeichnet wird. Solche Weiterarbeit wird schwieriger und aufwendiger sein, da Sprachvermögen und mündlicher Sprachgebrauch erst systematisch erhoben werden müssen. Bestehende Projekte wie die beiden großen dialektologischen Untersuchungen zur Regionalsprache (REDE und SIN), auch PISA-Studien können einbezogen werden. Damit würden die Akademien dauerhaft Verantwortung für die deutsche Sprache übernehmen. Allerdings müssen dafür erhebliche Mittel langfristig bereitgestellt werden. Diesmal ist die Thyssenstiftung eingesprungen, mit einer Pilot-Förderung, begleitet von den Institutionen, in denen die Autoren tätig sind. So offenbart dieser Band in vieler Hinsicht Reichtum und Armut der Linguistik.

Vielfalt und Einheit der deutschen Sprache.

Deutsche Akademie für Sprache und Dichtung/Union der deutschen Akademien der Wissenschaften (Hrsg.) *Vielfalt und Einheit der deutschen Sprache. Zweiter Bericht zur Lage der deutschen Sprache.* Stauffenburg: Berlin 2017, 331 S.

Der erste Bericht zur Lage der deutschen Sprache (‚Reichtum und Armut der deutschen Sprache', 2013) hatte viel Aufmerksamkeit gefunden. Nach vier Jahren legen die renommierten Sprachwissenschaftler einen zweiten mit neuem Schwerpunkt vor.

Einen ersten lesenswerten Überblick zur „Vielfalt der deutschen Sprache" gibt Wolfgang Klein, Leiter des Digitalen Wörterbuchs der deutschen Sprache, zu Beginn des Buches. Den ewigen Streit um die Frage, was ist Sprache, was Dialekt, beantwortet er mit dem legendären Satz, den der Jiddist Max Weinreich 1945 in einem Vortrag formulierte: *a schprach iz a dialekt mit an armey un flot* (‚eine Sprache ist ein Dialekt mit Armee und Flotte'). Nach einem Rückblick auf die verbreiteten Kriterien *diatopisch, diastratisch, diaphasisch* und *dia-*

chron, mit der die Linguistik lange Zeit die Vielfalt des Deutschen zu kategorisieren versuchte, wendet er sich der Grundgröße jeder Sprache zu, den Sprechern und ihren Möglichkeiten, Vielfalt zu generieren: Wer spricht wann, in welcher Situation (d.h. wo und mit wem) in welcher Sprache (bzw. in welcher Varietät des Deutschen)? Dies weist auch den Weg, wie sich ein individuelles Profil der Sprachverwendung charakterisieren lässt. Denn wir alle sind quasi mehrsprachig in Hinblick auf die Varietäten des Deutschen. Was zur Zeit erforscht und diskutiert wird, zeigen die folgenden Beiträge.

Der Bericht von Jürgen Erich Schmidt, Direktor des Deutschen Sprachatlas in Marburg, informiert nicht nur über den Weg „Vom traditionellen Dialekt zu den modernen deutschen Regionalsprachen", sondern zeigt auch, wie sich moderne Dialektologie gewandelt hat. Im Mittelpunkt der Forschung stehen nicht mehr die ‚echten' Dialekte, sondern die regionalen Umgangssprachen (jetzt Regionalsprachen genannt), vielerorts der neue sprachliche Ausdruck regionaler Identität. In 100 Jahren hat sich der deutsche Sprachgebrauch grundlegend gewandelt. Erst im 20. Jahrhundert setzte sich eine Norm der gesprochenen Standardsprache durch, welche die lokalen Dialekte und Regionalsprachen überdacht. Auffällig ist der völlige Niedergang des Dialekts bei 18–29-Jährigen in Vorpommern, während die Gleichaltrigen in Ostfriesland das lokale Platt noch immer beherrschen.

Weniger gut erforscht ist der Sprachgebrauch von Jugendlichen. Darum tun Nils Bahlo und Wolfgang Klein gut daran, mit vielen Wort- und Textbeispielen zu zeigen, wie viele Mädels und Jungs in diesem Alter miteinander reden oder mit ihren Smartphones kommunizieren. Jugendsprache ist ein Sprachlabor, in dem Neuerungen auf allen Sprachebenen, vor allem natürlich im Wortschatz, aufgenommen, umgestaltet und bald wieder verworfen werden. Jugendsprache ist Gruppensprache, Identitätsmerkmal, Abgrenzungssymbol. Außer *cool* und *krass* wird wohl nur wenig in den allgemeinen Sprachgebrauch eingehen.

„Das Deutsch der Migranten“, über das Norbert Dittmar und Yazgül Šimšek berichten, ist seit den 70er Jahren Gegenstand germanistischer Forschung: zuerst das sog. Pidgin-Deutsch der frühen Gastarbeiter, später das ‚Kontaktdeutsch‘ und die Mehrsprachigkeit vor allem jugendlicher Migranten (2014: über 2 Millionen). An zahlreichen Beispielen, auch eigenen Berliner Erhebungen, illustrieren die Autoren Sprachprofile, Codeswitching und typische Merkmale von ‚Kanak Sprak‘ und ‚Kiezdeutsch‘. Die Vielfalt von Sprachmischung und jugendsprachlichen Eigenheiten arabischer und türkischer Jugendlicher prägt den sprachlichen Alltag an vielen unserer Schulen.

Viel Aufmerksamkeit haben in jüngster Zeit die verschiedenen Formen der „Internetbasierten Kommunikation“ erfahren. Schriftliche Fernkommunikation in Echtzeit per Chatten oder Instant Message weist sowohl Züge der Mündlichkeit wie der Schriftlichkeit auf. Angelika Storrer belegt beispielsreich die große Bandbreite solcher Texte und weist zugleich die These zurück, hier entstehe eine besondere, eine einheitliche ‚Netzsprache‘. Somit besteht auch kein Grund zur Sorge über einen bevorstehenden Verfall der Schriftkultur.

Ein anderer Pol der Sprachvielfalt ist die „Gesprochene Alltagssprache“, der sich Ludwig M. Eichinger, Direktor des Instituts für Deutsche Sprache, widmet. *Es hat geregnet, weil die Straße ist nass.* An diesem Beispiel zeigt er, dass die scheinbar falsche (Hauptsatz-) Verbstellung in mündlicher Kommunikation ihre Berechtigung hat. Ähnliches gilt für andere Fehler – gemessen an den Grammatikregeln der Schriftlichkeit. Eigene Strukturen bilden z.B. die *tun-*

Umschreibung, das *kriegen*-Passiv und die Verlaufsform *ich bin am arbeiten.* Ein Charakteristikum der Alltagssprache sind insbesondere die Partikel *halt* und *eben.* Auch dieser Bericht schöpft aus eigenen Korpora (des IDS) und liefert die Materialien für ‚typische Merkmale des gesprochenen Deutsch'.

Der Vielfalt steht die Einheit, die überdachende Standardsprache gegenüber. Sie findet in dem ausführlichen Bericht von Peter Eisenberg eine reflektierte, höchst sachkundige Würdigung. Zunächst werden Grammatiken und Wörterbücher (‚Normcodices') charakterisiert, dann grammatische und orthographische Normen (z.B. bei Genitiv, *würde*-Umschreibung, Komma), die durch den Sprachgebrauch gegeben sind. Sehr interessant sind die vergleichenden Charakteristiken benachbarter Standardsprachen (Polnisch, Französisch, Englisch). Und schließlich erfährt die Lage der deutschen Standardsprache eine kritische Betrachtung: wie steht es um die Rechtschreibfähigkeit? Wie beeinflussen ‚politisch korrekte Sprache', ‚Gendern' und ‚Leichte Sprache' unseren Standard? Eisenberg führt hier mit sicherem Urteil durch die aktuelle Diskussion.

Fazit: Das Deutsche ist in seinem Kern stabil, an der Peripherie im Wandel. Darüber wird lebhaft diskutiert. Und das ist gut so. Über beides informiert dies Buch kompetent und in erfreulich verständlicher Form.

Bildungswortschatz

Gerhard Augst: *Der Bildungswortschatz. Darstellung und Wörterverzeichnis.* Gerhard Olms Verlag: Hildesheim u.a., 2021, 219 Seiten.

Was ist der *Bildungswortschatz*? Wo kommt er her? Wer braucht ihn? Diese Fragen sind aktueller als das Wort vermuten lässt. Er erinnert an *Bildungsbürgertum*, an das klassische Gymnasium, an Bildung und Bildungsanspruch der Großelterngeneration, kurz an etwas, das im Vergehen scheint. Tatsächlich aber ist er viel mehr, er hängt unmittelbar mit der technischen Revolution des 19./20. Jahrhunderts zusammen und wird aktuell in der Digitalisierung unserer Welt deutlich sichtbar.

Dies zeigt das Buch *Der Bildungswortschatz* des Siegener Sprachwissenschaftlers Gerhard Augst, das zuerst 2018 erschien und 2023 bereits in zehnter Auflage vorliegt. Der Fachwelt ist Augst bekannt als Autor eines 1687 Seiten dicken Wortfamilienwörterbuchs (1998), eines Standardwerks germanistischer Lexikographie, das auch als Grundlage für die Beschreibung des Bildungswortschatzes diente.

Was ist Bildungssprache? Wer benutzt sie, wozu und mit wem? Augst definiert sie als „die Sprache gebildeter Laien untereinander". Sie diene der „systematischen Orientierung in der Welt und zur Durchsetzung eigener und gesellschaftlicher Ansprüche" (S. 14). Gebildete Laien haben studiert und sind in entsprechenden Berufen tätig. Bildungssprache zeichnet sich durch elaborierte Syntax (‚sprechen wie gedruckt'), vor allem aber durch den Wortschatz aus, der über die Alltagssprache hinausgeht. Er speist sich aus den Schulsprachen Griechisch, Latein, Französisch und Englisch sowie im weitesten Sinne aus unserem kulturellen Erbe. Beim Übergang vom Lateinischen zum Deutschen als Kultur-, Wissenschafts- und Amtssprache im 17./18. Jahrhundert sind wesentliche Teile der lateinischen Lingua franca als Fremdwortschatz ins Deutsche aufgenommen worden. Vieles ist in die Alltagssprache eingegangen wie z.B. *formal, integrieren, ad hoc,* das meiste aber zählt zum sogenannten ‚klassischen Bildungswortschatz'. Dieser wird jedoch zunehmend ergänzt durch den ‚modernen Bildungswortschatz' aus den Naturwissenschaften, aus Medizin und Technik wie z.B. in *Cluster, Inklusion, Mutation* und *Prophylaxe.*

Wie findet man den Bildungswortschatz? Eine Hilfe bietet (seit 1983) das umfangreiche *DUDEN Universalwörterbuch*. Es markiert ca. 3000 Wörter als *bildungssprachlich.* Dies hat Augst als Ausgangspunkt gewählt und seiner Charakterisierung im ersten Teil seines Buches (S. 9–106) zu Grunde gelegt. Im zweiten Teil (S. 107–219) findet sich ein ‚Kleines Wörterverzeichnis zum Bildungswortschatz', das gut 1000 Lemmata umfasst. Es bietet Informationen zur Wortfamilie, Bedeutungsangabe, Verwendungsbeispiele und Verweise auf den ersten Teil.

Bildungswortschatz lässt sich zunächst ausdrucksseitig charakterisieren, in Morphologie, Orthographie und Lautung. Einen Großteil finden wir in eigenen Fremdwortfamilien wie in *different, differieren, differenziert, Differenz, indifferent, ausdifferenzieren usw.* Ausdrucksseitig zeichnet er sich durch fremde Präfixe und Suffixe wie *de-, ex-, in-, hyper- bzw. -ieren, -ismus, -ation, -eur-* usw. aus, durch fremde Schreibungen, z.B. mit *ph, th, rh, c* für *f, t,r, k/z* wie in *Rhetorik, Philosoph, Cherubim,* fremde Aussprache wie in *Chanson, Impromptu,* gelegentlich sogar in fremder Flexion wie in *Abstrakta, Christi Geburt.* Inhaltlich reicht das Feld der Bildung, wie es im Gymnasium vermittelt wird, von der griechischen Mythologie (*Scylla und Charybdis*), der Bibel *(Sodom und Gomorrha*), der Literatur *(Dornröschenschlaf, Zauberlehrling),* Geschichte (*Gordischer Knoten)* und *Philosophie (kategorischer Imperativ)* bis zu Schule und Universität (*Sexta, Abitur, Magnifizenz, immatrikulieren, Audimax, cum laude).*

Während der Wortschatz der klassischen Bildung an diese Themenfelder gebunden ist und – mit Abnahme klassischer gymnasialer Ausbildung – vielfach außer Brauch gerät, ist der moderne Bildungswortschatz in höchstem Maße dynamisch. Er speist sich aus allen Wissenschaften, aus Medizin und Biologie, Ökonomie und Technik, auch den Sprach- und Literaturwissenschaften. Fachkommunikation in diesen Fächern wird täglich in allgemeine Kommunikation aufgenommen, bleibt aber meist als Fremdwortschatz lateinisch-griechischer Herkunft für viele schwer zugänglich. Typische Bildungswörter sind *Hypothese, Axiom, Phänomen, Methode* oder (aus der Medizin) *Prophylaxe, Diagnose, Screening, urinieren.* Wie schnell Fachsprache in die Alltagssprache eindringt, hat die Bologna-Reform der Universitäten gezeigt mit *Bachelor, Master, Credit-Points.* Und aktuell ist die Corona-Pandemie das Einfallstor fachsprachlicher Wörter in die allgemeine Kommunikation. *Pandemie* und *Epidemie* haben die *Seuche* ersetzt, *Vakzine* den *Impfstoff. Lockdown, Homeschooling, social distancing, Click and Collect* lehren uns die Internationalität dieser Krankheit.

In einem Punkt möchte ich über die Darstellung von Augst hinausgehen. Der Fremdwortschatz, um den es überwiegend geht, ist in doppelter Hinsicht in ständigem Ausbau: als erstes durch die sogenannte Fremdwortbildung. Darunter versteht man sozusagen die Eigenproduktion von Fremdwörtern im Deutschen. Sie hat seit dem 18. Jahrhundert die Phase massenhafter Entlehnungen aus dem Latein der Frühen Neuzeit abgelöst. Zum Beispiel findet man fast alle Verben auf *-ieren* nur an entlehnten Stämmen wie *amortisieren, honorieren, klassifizieren.* Etwa ein Drittel aller Wörter auf *-ismus* wie *Egoismus, Zentralismus, Rationalismus* sind deutsche Bildungen. Mit dem Inventar solcher, dem Lateinischen und Griechischen entlehnter Präfixe und Suffixe können wir immer neue Fach- und Bildungswörter erschaffen. In dieses System fügen sich als zweites auch viele Entlehnungen aus dem

Französischen (wie *Kommunismus* und *Sadismus*) oder Englischen (wie *Snobismus* und *Puritanismus*) ein, welche lateinische Wurzeln haben. Sie werden in unser Fremdwortsystem integriert. Sie sind die zweite Quelle des modernen Bildungswortschatzes. Ihn zu verstehen, bedarf es nach wie vor gewisser Grundkenntnisse des Lateinischen. Denn Latein ist neben dem germanischen Erbe die zweite Wurzel des deutschen Wortschatzes.

Mit der zunehmenden Ablösung des Lateinunterrichts in den Gymnasien durch moderne Fremdsprachen gehen Grundkenntnisse über Herkunft und Ausbau unseres Bildungswortschatzes verloren. Künftiger Lateinunterricht sollte sich weniger um *De bello gallico* bemühen und mehr um die lateinischen Grundlagen des klassischen und des modernen deutschen Bildungswortschatzes.

Der erfahrene Didaktiker Gerhard Augst hat Herkunft und Gestalt des deutschen Bildungswortschatzes in allgemeinverständlicher Form vorgestellt. Auch gebildeten Lesern kann dies manche Hilfe geben, vor allem aber Deutschlehrern, die den Bildungswortschatz vermitteln sollen. Grundkenntnisse auf diesem Feld sind die Voraussetzung für jede aktive Partizipation am öffentlichen Leben. Die Beschäftigung mit dem Bildungswortschatz ist darum kein konservatives Anliegen, sondern ein Muss der gesamten Gesellschaft.

Sprache und Raum

Herrgen, Joachim/Schmidt, Jürgen Erich (Hg.) (2019): *Deutsch. Sprache und Raum – Ein internationales Handbuch der Sprachvariation*. Unter Mitarbeit von Hanna Fischer und Brigitte Ganswindt. Berlin/Boston: De Gruyter Mouton (Handbücher zur Sprach- und Kommunikationswissenschaft. 30.4), 1233 Seiten.

Ein Werk wie dieses lässt sich nicht besprechen oder anzeigen wie eine Monographie, eine Festschrift oder ein Tagungsband. Handbücher haben ihre eigene Geschichte. Sie sind Sammel- und Höhepunkte jedes Faches, sie sind Fortsetzung und Wegweisung. Dies gilt in besonderem Maße für das vorliegende Werk. Dazu ein kurzer Rückblick aus der Erinnerung des Rezensenten. Es begann Anfang der 70er Jahre, als drei junge Mitarbeiter im Marburger Deutschen Sprachatlas den ambitionierten Versuch unternahmen, einen „Überblick über die Sprachgermanistik" zu geben, für Fachkollegen, Studierende und Lehrer. Das „Lexikon der Germanistischen Linguistik" von Hans Peter Althaus, Helmut Henne und Herbert Ernst Wiegand aus dem Jahre 1973 (2. Auflage 1980) markierte einen Aufbruch des Faches, nach der Dürrezeit des Nationalsozialismus und der mühsamen Rezeption der internationalen Forschung. Das Triumvirat, wie die drei intern genannt wurden, verwirklichte unter Mitarbeit einer Generation junger Germanisten, was ihr Marburger Chef, Ludwig Erich Schmitt, in Gedanken geplant, oft propagiert, aber nie begonnen hatte. Die Erfahrung dieser Arbeit war auch die Grundlage, auf der Herbert Ernst Wiegand als energischer Promotor die Publikationsreihe „Handbücher zur Sprach- und Kommunikationswissenschaft (HSK)" im de Gruyter Verlag kreierte, zunächst in Zusammenarbeit mit Gerold Ungeheuer, seit 1982 mit Hugo Steger. Der erste Band „Dialektologie. Ein Handbuch zur deutschen und allgemeinen Dialektologie" (zwei Teilbände 1982/1983) ist der Vorgänger der vorliegenden Publikation. Die Marburger Joachim Herrgen, Jürgen Erich Schmidt und ihr Team führen damit kongenial die erfolgreiche Handbucharbeit im Deutschen Sprachatlas fort.

Konnte es zu jener ersten Gesamtdarstellung nach über 30 Jahren einfach eine zweite Auflage geben? Inzwischen hatte das Fach nicht nur die Stürme der Generativistik und der Phobie gegen alles Sprachgeschichtliche überwunden, sondern ganz neue Dimensionen des Gegenstandes und der Methoden erobert. Dies führte dazu, gleichsam in einem dritten Schritt, das Fach Dialektologie in mehreren Handbuchbänden zur Darstellung zu bringen, dabei die Grenzen eines nationalen Faches zu überwinden und der gewachsenen Internationalität in der Publikationssprache Englisch Rechnung zu tragen. Der Direktor des Deutschen Sprachatlas, Jürgen Erich Schmidt, ist Herausgeber eines Vierteilers „Language and Space“, der mit „Theories and Methods“ (hg. von Auer und Schmidt, 2010), begonnen und mit „Language Mapping“ (hg. Lameli, Kehrein & Rabanus, 2011) fortgesetzt wurde. Es folgte mit „Dutch“ (hg. Hinskens & Taeldeman 2014) die erste Darstellung einer Sprachlandschaft. Zum vorliegenden Band „Deutsch“ heißt es im Vorwort: „Da die die beiden parallel aufgebauten Sprachenbände auch das Friesische und Luxemburgische umfassen, ist damit die Darstellung der Raumdimension einer ersten Sprachgruppe, der westgermanischen Sprachen Kontinentaleuropas abgeschlossen“. Das stimmt nun leider nicht. Denn dem Friesischen zwischen Leeuwarden und Bredstedt, der westfriesischen Standardsprache, den west-, ost- und nordfriesischen Dialekten und den vielfältigen Formen von Mehrsprachigkeit in dieser Region, wird in keinem der beiden Werke auch nur annähernd Rechnung getragen. Im Band „Deutsch“ finden „Ostfriesisch“ und „Nordfriesisch“ lediglich auf drei Seiten (965–968) im Kapitel „Minderheitssprachen im deutschen Sprachgebiet“ referierende Erwähnung. Es fehlt ein Artikel zur „komplexen Überdachung“ (vgl. Artikel 38 und 39). Was hier verschenkt oder verworfen wurde, lässt sich aus dem „Handbuch des Friesischen“ (2001), das der Rezensent initiiert hat, erahnen. Muss man die Germanisten und Niederlandisten darauf hinweisen, dass Friesisch (in Geschichte und Gegenwart) eine autochthone westgermanische Sprachgruppe darstellt? Letztlich fällt die Konzeption von „*Language and Space*" doch wieder auf die Nationalsprachen zurück. Es geht in beiden Bänden, wie die Titel sagen, schlicht um *Dutch* und *Deutsch*. Dies ist mein einziger Kritikpunkt an diesem Werk. Er betrifft nur den Anspruch, nicht die phänomenale Leistung. Diese gilt es im Folgenden vorzustellen und zu würdigen.

Im Vorwort skizzieren die Herausgeber die Schwerpunkte des Handbuchs. Einerseits seien in den vergangenen vier Jahrzehnten insbesondere Prosodie und Syntax als Themenfelder neu erschlossen worden. Vor allem aber werde der Hauptgegenstand bisheriger Dialektologie, die standardfernste Varietät, der sogenannte Basisdialekt, zunehmend durch großräumige Regiolekte ersetzt. Dialektologie habe sich zur Regionalsprachforschung entwickelt, die hier auch als „raumbezogene Variationslinguistik" bezeichnet wird. Im Handbuch Dialektologie von 1982/83 war dies noch ein Randthema, das wegen der Fixierung auf die Struktur der Basisdialekte als schwer zugänglich erschien. Dagegen opponierte ein Artikel, in dem es S. 1003 hieß: „Ein hinreichendes Verständnis für Umgangssprachen und befriedigende Ansätze zu ihrer Beschreibung sind nur zu finden, wenn ihre Variabilität nicht als *Beschreibungshindernis,* sondern als der *eigentliche Beschreibungsgegenstand* aufgefasst wird." Mit der thematischen Ausweitung vom Dialekt zu den Regionalsprachen sowie den standardnahen Regionalakzenten hat sich das einstige Spezialfach Dialektologie die gesamte Variationsbreite gesprochener Sprache zu eigen gemacht und ist damit wieder ins Zentrum der Sprachgermanistik vorgerückt.

Wie das neue Werk anzulegen sei, ist langfristig vorbereitet und endgültig auf einem Kolloquium in Luxemburg erarbeitet worden. „Deutsch" folgt hier dem gleichen Muster wie der 2014 erschienene Band „Dutch“. Nach zwei einleitenden Artikeln zur „Forschungsgeschichte“ (I.) werden die bekannten „Sprachräume des Deutschen“ (II.) ausführlich behandelt. Dieser sozusagen traditionelle Teil macht etwa die Hälfte des Buches aus. Dann folgt das Neue, „Die arealen Varietäten des Deutschen“ (III), und schließlich ein Sammelkapitel zur „Dynamik der arealen Varietäten des Deutschen im Sprachkontakt“, in dem vor allem seine Rolle als Minderheitensprache zu Wort kommt. Am Schluss steht ein Sachregister. Die Gesamtanlage ist wesentlich übersichtlicher als beim Vorgänger von 1982/83. Dazu tragen auch die beiden einleitenden Artikel zur Forschungsgeschichte (Girnth) und zum aktuellen Forschungsstand (Schmidt et al.) bei. [23]

Das Hauptkapitel über die „Sprachräume des Deutschen“ beginnt mit fünf Übersichten zur „arealen Variation im Deutschen“, und zwar unter historischem Aspekt (Mittelalter/Frühe Neuzeit und 17. – 19. Jahrhundert), „vertikal“ gesehen und „horizontal“. Damit werden übergreifende Aspekte gerafft, die in dieser Weise noch nicht handbuchmäßig erschlossen waren: zunächst die Geschichte der wichtigsten regionalen Merkmale der landschaftlichen Varietäten vom Alemannischen bis zum Ostniederdeutschen sowie die Entstehung überregionaler Schreibtraditionen und des landschaftlichen Hochdeutsch, dann – „vertikal“ – das regional unterschiedliche Verhältnis von Dialekt/Regionalsprache/Standard, sodann die aktuelle areale Variation im Standard und schließlich ein Überblick über Geschichte und Stand der Dialekteinteilung („horizontal“). Damit wird das zentrale Themenfeld des Handbuchs vorzüglich eingeführt und ausgebreitet, eine wichtige Voraussetzung für die folgenden elf Artikel zu den bekannten Dialektarealen des Deutschen. Ihnen fiel die Aufgabe zu, den aktuellen Stand intensiver Dialektforschung in den Regionen zusammenzufassen. Alle

Artikel sind ähnlich aufgebaut: nach einem historischen Teil folgen Übersichten zur „basisdialektalen Raumstruktur" in Phonologie, Morphologie und Syntax, dann werden Sprachdynamik und vertikale Gliederung besprochen. Das erlaubt überregionale Vergleiche und macht unterschiedlichen Schwerpunkte sichtbar. Hier kamen beste Fachleute aus der regionalen Dialektologie zu Wort. Wer besonders an der Entwicklung der Regionalsprachen interessiert ist (der „vertikalen" Perspektive), wird sich die Kapitel zur Sprachdynamik herauspicken. Dabei wird er auf die rasante und diverse Entwicklung in Nord- und Süddeutschland gestoßen. Richtigerweise wurden den oberdeutschen Dialekten in Österreich und der Schweiz eigene Artikel gewidmet.

Im dritten Hauptkapitel werden nun „übergreifende Aspekte" der arealen Varietäten thematisiert, von der Morphologie und Syntax, über die Lexik und die Satzprosodie bis zu gesprächs- und perzeptionslinguistischen Varianten, den Familiennamen und der Gebärdensprache. Hier wurden auch Themen wie die Sprachvariation in den Medien und der Erwerb dieser Varianten untergebracht. Ganz in die Zukunft des Faches weisen internetbasierten „Plattformen und Anwendungen, die den dialektalen Forschungsprozess revolutionieren" (S. 897). Nach meinem Eindruck ist es in diesen 16 Artikeln gut gelungen, einerseits die überregionalen Aspekte der regionalen Gegebenheiten aus Kapitel II darzustellen, aber auch Bereiche einzubeziehen, die der Dialektologie bisher verschlossen waren.

Das dritte Hauptkapitel hat mich am meisten interessiert. Sprachkontakte sind ein konstituierendes Element der gesamten deutschen Sprachgeschichte. Sie wurden jedoch von Anfang an, in der romantischen Begründung des Faches, ebenso durch Junggrammatiker und im Aufbruch der Dialektologie als Sprachgeographie, weitgehend ausgeblendet.

Vieles wurde in den vergangenen Jahrzehnten nachgeholt, über das jetzt zu berichten war. Es geht im Wesentlichen um drei Bereiche: um Deutsch als Minderheitensprache, von den europäischen Nachbarn Frankreich, Italien und Osteuropa bis Amerika, Afrika und Ozeanien (Artikel 41–47), um die Überdachung deutscher Dialekte in der Schweiz, in Luxemburg und Belgien (Art. 38–40) sowie – einleitend (Artikel 35–37) – um Grenzkontakte, Minderheitensprachen im deutschen Sprachgebiet und „jugendsprachliche Praktiken im multilingualen urbanen Raum" (sprich: Kietzdeutsch).

Bei den Grenzkontakten rund um das deutsche Sprachgebiet zu germanischen, romanischen und slawischen Sprachen geht es darum, wie Staatsgrenzen einerseits Dialektkontinua überdecken, andererseits (wie zwischen BRD und DDR) auch Sprachgrenzen erzeugen. Dies Themenfeld zwingt zur Überwindung nationalstaatlicher Beschränkung, wie sie für die Germanistik lange charakteristisch war. Ein noch viel weiteres Feld sind die überdachten Minderheitssprachen, vom Friesischen an der Nordsee und Sorbischen in der Lausitz über das ausgestorbene Jiddisch und Ruhrgebietspolnische, die Sprachen der Hugenotten, der Roma usw. Sprachminderheiten und Sprachkontakte sind im Grunde ein Thema europäischer Linguistik. Wie sehr hier die Sprachen der jüngsten Einwanderungen aus der Türkei und arabischen Ländern eine Rolle spielen, zeigen die Varianten des sogenannten Kiezdeutsch in Berlin, Mannheim, Stuttgart, Saarbrücken. Charakteristisch ist hier die Verknüpfung der jeweiligen Muttersprachen mit Varietäten der deutschen Regionen.

Mit dem Oberbegriff „Überdachung" werden die sehr spezifischen Mehrsprachigkeitsphänomene in Luxemburg, Belgien und der Schweiz beschrieben, mit „Minderheitssprache" die Rolle deutscher Dialekte ausgewanderter Mennoniten, Hutterer, Amish usw. in Nord- und Südamerika und Osteuropa.

Es ist unmöglich, auf Reichtum und Vielfalt dieses letzten Kapitels näher einzugehen. Stattdessen möchte ich eine Empfehlung abgeben. Man lese (nach Artikel 1) die beiden Darstellungen zur „komplexen Überdachung“ in Luxemburg und der Schweiz (Artikel 38 und 39). Sie geben einen vorzüglichen Eindruck von den vielfältigen Möglichkeiten der Mehrsprachigkeit und können den Blick schärfen für vergleichbare Phänomene in Deutschland.

Ich fasse kurz zusammen: Verglichen mit dem Zweibänder von 1982/83 zeigt sich ein phänomenaler Wandel des Faches vom geschätzten, oft regional bezogenen Spezialgebiet zu einem Kerngebiet der Sprachgermanistik. Viele innovative Ansätze aus den siebziger Jahren sind nun entfaltet. Dies gilt vor allem für die thematische Ausweitung auf alle Varietäten des Deutschen. Mit der zunehmenden Digitalisierung sind außerdem neue und alte Daten erschließbar, die lange als unzugänglich galten. Verglichen mit dem Vorgängerhandbuch scheint mir die Information nunmehr kompakter, ebenso faktenreich wie methodisch reflektiert. Ein vorzügliches, unentbehrliches Handbuch. Gratulation an alles Beteiligten!

Nachbemerkung: Ein Haken ist natürlich der exorbitante de-Gruyter-Preis von 329 Euro. Vielleicht sollte der Deutsche Sprachatlas für künftige Publikationen einen eigenen Verlag gründen. Dafür bietet sich eine Zusammenarbeit mit der neuen Marburger Universitätsbibliothek an. So könnten deren open-access-Aktivitäten sinnvoll erweitert werden. Dafür gibt es vielversprechende Vorbilder.

Dudengrammatik

DUDEN. Die Grammatik. Struktur und Verwendung der deutschen Sprache. Satz – Wortgruppe – Wort. 10., völlig neu verfasste Auflage. Herausgegeben von Prof. Dr. Angelika Wöllstein und der Dudenredaktion. Duden. Berlin 2022, 982 Seiten.

Die Dudengrammatik ist seit Jahrzehnten eine Institution der Germanistischen Sprachwissenschaft und des Deutschunterrichts im In- und Ausland. Sie gibt zuverlässige Auskunft zu Sprachstruktur und Sprachgebrauch des gegenwärtigen Deutsch, auch für Schriftsteller, Journalisten und alle, die sich mit dem Deutschen als Muttersprache oder als Fremdsprache beschäftigen. Darum ist eine grundlegende Neufassung eingehend zu besprechen.

Woher kommt der Name Duden-Grammatik? Zunächst, weil sie Band 4 des 10-bändigen Großen Duden aus dem Dudenverlag ist. Doch ihre Geschichte reicht viel weiter zurück. Sie begann mit der Schulgrammatik von Friedrich Bauer, die 1850 unter einem langen Titel erschien: *Grundzüge der neuhochdeutschen Grammatik für höhere Bildungsanstalten und zur Selbstbelehrung für Gebildete*. Von 1881 bis 1912 übernahm Konrad Duden die Bearbeitung. Sein Name blieb dem Werk bis heute erhalten. Nur die Bearbeiter neuer Auflagen wechselten, seit einigen Jahrzehnten sind es Teams angesehener Fachvertreter. Die Ziele blieben gleich: umfassende Information und praktische Hilfe für eine breite Leserschaft, unter Einbeziehung des aktuellen Forschungsstandes. Dabei wurde das Themenfeld mehrmals erweitert, 1984 (zur Zeit der Rechtschreibreform) um die Orthographie, später um Textlinguistik und Gesprochene Sprache.

Auch die aktuelle Auflage sucht Neuland, vor allem in der Gliederung, hier und da in der Terminologie und überraschenderweise sogar im Umfang. Die neue 10. Auflage ist gegenüber der 9. von 2016 um ein Drittel gekürzt, geradezu ein Wunder auf dem Feld von Neubearbeitungen. Vorzug oder Verlust?

Beginnen wir mit der Gliederung. Wer eine ältere Auflage kennt oder besitzt, ist an einen klassischen Aufbau gewöhnt: es geht aufsteigend von Laut und Buchstabe zu Wort, Satz und Text. Ganz anders die neue Auflage: Das Gesamtwerk ist in drei Großkapitel aufgeteilt, mit den Überschriften ‚Sätze als Textbausteine' (S. 25–361), ‚Wortgruppen als Satzbausteine' (S. 362–594) und ‚Wörter als Wortbausteine' (S. 595–941). Nicht jeder Leser versteht das auf Anhieb. Mancher wird fragen: Wo verbergen sich die vertrauten Themen? Wer sie im Inhaltsverzeichnis sucht, hat 16 Seiten zu durchforsten. Dort findet er 27 Überschriften wie ‚Was ist ein Satz? ‚Was ist ein komplexer Satz?', ‚Parenthese' usw. Am Ende jedes der drei Großkapitel beginnt eine neue Kapitelgruppe, blau unterlegt, durch Versalien gekennzeichnet, mit den Überschriften TEXT, STIL, GESPROCHENE SPRACHE, SATZPROSODIE, ORTHOGRAPHIE sowie SPRACHVARIATION UND SPRACHWANDEL. Sie behandeln Phänomene, die auf allen drei Ebenen eine Rolle spielen. Hier fragt der verdutzte Leser: Warum wurde die seit Jahrzehnten bewährte Gliederung völlig über Bord geworfen? Er sucht nach Antwort in der Einleitung und erfährt, diese 10. Auflage sei „komplett neu verfasst" und habe eine „völlig neue Struktur" erhalten, sie erfülle „neueste Anforderungen an eine Auskunfts- und Nutzergrammatik" und fuße auf „etablierten Forschungsergebnissen". Mit den blau unterlegten Kapiteln werden „erstmals systematisch kategorien- und kapitelübergreifende Schnittstellen zu Anwendungsgebieten der Sprache betrachtet". Statt solcher programmatischer Auslassungen wäre wohl eine sachbezogene Begründung und Erklärung dieses totalen Umbaus der Grammatikschreibung nützlich gewesen. Mein erster Eindruck war: hier wird das Gegenteil unternommen, eine Abkehr von jahrzehntelanger Tradition verständlicher Darstellung, die auf dem Vorwissen der Benutzer basiert. Stattdessen wird wissenschaftlich experimentiert und die alte Dudengrammatik beerdigt.

Gleichwohl war zu prüfen, wie sich das neue Programm auf die konkrete Darstellung der deutschen Sprache auswirkt. Denn das Deutsche hatte sich ja seit der 9. Auflage von 2016 nicht grundlegend verändert. Drei Bereiche, die mir besonders vertraut sind, habe ich nach Gewinn und Verlust in der Neuauflage befragt: Orthographie, Wortbildung und Sprachwandel.

Zuvor noch ein Wort zur Markierung der Gliederung. Das Werk bedient sich mehrerer Verfahren: Neben der laufenden Paginierung gibt es für jedes der 27 Kapitel eine eigene numerische Einteilung sowie eine dritte thematische Durchnummerierung mithilfe von 1698 fett gedruckten Randnummern. Diese dienen vor allem den Verweisen im Text und im Sachregister. Sie sind das wichtigste Instrument einer intensiven Benutzung des Werkes.

Führen wir einen Vergleich mit der 9. Auflage von 2016 durch und beginnen mit der Orthographie, die damals Peter Eisenberg (in Parallelität zur Lautstruktur) in einem 33-seitigen Kapitel behandelt hat. Nanna Fuhrhop benötigt jetzt drei Teile, jeweils im Anschluss an die drei Hauptkapitel. Sie beginnt mit den Satzzeichen (S. 336–351), die an die Kapitel zum Satz anknüpfen, fährt fort mit den Themen Groß- und Kleinschreibung sowie Getrennt- und Zusammenschreibung (S. 564–574), was zum 2. Kapitel über die Wortgruppe passt und schließt nach dem 3. Hauptkapitel mit der Wortschreibung (S. 906–919), dem wichtigsten Teil der Orthographie.

Das ist in der Sache durchaus berechtigt und führt z.B. die Satzzeichen sinnvoll zusammen. Die Komma-Regeln werden jetzt ausführlich dargestellt. Andererseits geht bei solcher Aufsplitterung die vorzügliche Einführung in die Verschriftung verloren, wie sie Eisenberg gegeben hatte. Leichte Zugänglichkeit und Verständlichkeit wurden dem theoretischen Anspruch geopfert. Der Einsicht, dass alle Schreibzeichen auf verschiedene Ebenen von Laut, Silbe, Wort und Satz Bezug nehmen, hätte auch in einer geschlossenen Darstellung Rechnung getragen werden können. Gänzlich vermisst habe ich eine Erläuterung der Mehrwertigkeit, vor allem für die Vokale. Wann werden i, ie, ih, oder ieh für /i:/, a, aa oder ah für /a:/, o, oo oder oh für /o:/ usw. geschrieben? Dies Problem hat schon die Rechtschreibreformer des Barock, dann Jacob Grimm, später die 1. Rechtschreibkonferenz 1876 und (wiederum vergeblich) die jüngste Rechtschreibreform beschäftigt. Sind sich Wissenschaftler zu schade, die Hintergründe für die Leiden des Rechtschreibunterrichts zu thematisieren?

Zu den besterforschten Bereichen der deutschen Gegenwartssprache zählt die Wortbildung. Entsprechend umfangreich war das Kapitel in der 9. Auflage, fast eine eigene, überaus kompetente Schrift von 130 Seiten aus der Feder von Irmhild Barz. Dies wurde nun von Barbara Schlücker auf konzise 28 Seiten heruntergekürzt. Natürlich ein großer Verlust, vor allem der einführenden und erklärenden Teile. Andererseits hat die gleiche Autorin endlich der Phraseologie (hier ‚Mehrwortlexeme' genannt) eine erste Kurzdarstellung gegeben.

Als drittes hebe ich einen Zugewinn der neuen Auflage hervor, der in allen früheren Auflagen ausgespart wurde: Sprachwandel und Sprachvariation. Man hatte das früher einfach der Sprachgeschichte zugeordnet, die in einer Grammatik der Gegenwartssprache nichts zu suchen habe. Falsch, erkennt nun auch die neuere Linguistik. Damaris Nübling ist es gelungen, auf knapp 40 Seiten wesentliche Sprachwandelerscheinungen deutscher Sprachgeschichte zu erklären, welche heute die Eigenart von Satzbau, Flexion, Wortbildung und Lautung des Deutschen ausmachen. Sie erläutert u.a. den sogenannten Präteritumschwund (Untergang des Präteritums in süddeutscher Mundart und Alltagssprache), erklärt die Entstehung der Fugenelemente (*Brat-s-kartoffel*), die Substantivgroßschreibung, die Rolle des Umlauts, den Übergang vom Fremdwort zum Lehnwort. Dies ist zwar nur eine Auswahl, aber genug, um zu zeigen, wie Sprachwandel das Deutsche geprägt hat und in Sprachvariation fortlebt. Nübling versteht es, mit Beispielen aus dem Mittelhochdeutschen und Parallelen zu anderen germanischen Sprachen, mit knappen Einführungen und schlagenden Beispielen zu überzeugen. Leider sind auch diese 14 Kapitel in drei Hauptteile der Dudengrammatik aufgeteilt. Besser stünden sie beieinander. Aber man kann sie sich zusammensuchen. Dazu ist das umfassende Sachregister ein unentbehrlicher Helfer. Es erschließt das gesamte Werk über die Fachterminologie (von *Abkürzung* bis *Zustandspassiv*) sowie alle grammatisch relevanten Wörter (von *ab* bis *zwischen*). Dazu dienen die fettgedruckten Randnummern als Wegweiser. Geübte Leser benutzen die Dudengrammatik auf diese Weise, von hinten her. Damit verliert auch die krude Gliederung ihren Schrecken.

Vergleicht man die neue mit älteren Auflagen der Dudengrammatik, gibt es nicht nur Zuwachs, sondern auch Abgänge. Dazu zählt das weite Feld der lexikalischen Semantik, das Helmut Henne 1998 im Kapitel ‚Wort und Wortschatz' umfassend behandelt hatte. Im vorliegenden Band werden zum Beispiel Metapher und Metonymie nur unter Stil erwähnt, als wären dies nicht elementare Verfahren, mit denen wir neue Bedeutungen generieren, ähnlich wie wir ad hoc ständig neue

Wörter durch Wortbildungen erzeugen. Auch hier fehlt mir der Bezug zum alltäglichen Sprachverkehr.

Wie steht es mit den Kapiteln zu Syntax und Morphologie, dem Kern aller Auflagen der Dudengrammatik? Hier fehlt nichts, was in der langen Tradition germanistischer Grammatikschreibung erarbeitet wurde. Vorbildlich auch hier die Markierung der Beispiele durch Blau- und Fettdruck. Ob sich neue Termini wie ‚Wortgruppe' als Oberbegriff für Nominalphrase, Verbalphrase, Adjektivphrase usw. oder ‚Kopf' statt ‚Kern' der Phrasen (so in 9. Auflage) durchsetzen, muss die Benutzerpraxis zeigen. Mein Fazit ist durchwachsen: die Kürzung hat grundsätzlich Sinn, auch wenn sie im Einzelnen schmerzt. Die Dudengrammatik kann und soll spezielle Fachbücher wie Fleischer/Barz ‚Wortbildung der deutschen Gegenwartssprache' oder Eisenbergs ‚Grundriss der deutschen Grammatik' nicht ersetzen. Die neue Gliederung ist linguistisch bedacht, verwirrt aber die Benutzer. Das gilt besonders für die Titel der drei Hauptkapitel. Das mindert die Leistung der Neufassung von elf ausgewiesenen Autorinnen und Autoren und sollte in baldiger nächster Auflage korrigiert werden. Sprachwandel ist Zugewinn, das Fehlen der Wortsemantik Verlust.

Wie benutzt man die neue Dudengrammatik am besten? Über das ausgefeilte Register, das über die thematischen Randnummern zu den gesuchten Textstellen führt. Ergänzend kann die 9. Auflage aus dem Internet beigezogen werden. Erfahrene Grammatikbenutzer werden damit zurande kommen, unerfahrene Leser scheitern.

Bedeutungswörterbücher

DUDEN. Deutsches Universalwörterbuch. Das große Bedeutungswörterbuch. 10. Auflage. Dudenverlag 2023, 2160 Seiten.

Braucht man als Deutscher eigentlich ein deutsches Wörterbuch? Wir haben Deutsch doch schon als Kind und in der Schule gelernt. Es ist unsere Muttersprache. Nur die Rechtschreibung macht oft Probleme. Hiergegen hat Konrad Duden 1880 Abhilfe geschaffen mit seinem „Vollständigen Orthographischen Wörterbuch der deutschen Sprache", damals 187 Seiten auf Din A5. Heute liegt der „Duden", wie er seit langem genannt wird, in 27. Auflage vor, jetzt unter dem Titel *DUDEN. Die deutsche Rechtschreibung*, auf 1264 Seiten. Der gewachsene Umfang erklärt sich weniger aus dem Zuwachs des deutschen Wortschatzes, sondern aus dem Ausbau eines ursprünglich kleinen Glossars zu einem lexikographischen Werk, das – weit über den Kernbereich der Rechtschreibung hinaus – den aktuellen Gemeinwortschatz des Deutschen mit allen Zusammensetzungen und Ableitungen zu dokumentieren sucht. Für viele Benutzer ist der Duden damit zum Wörterbuch des Deutschen schlechthin geworden. So wird es auch vermarktet.

Das ist ein Jammer. Denn eines fehlt diesem Duden völlig: die Angabe von Bedeutungen. Und das führt zurück zum Universalwörterbuch: Sein Untertitel ‚Bedeutungswörterbuch' benennt genau diesen Punkt. Darum ist es dreimal so dick und wiegt über zweieinhalb Kilo. Darum ist erst dies ein wirkliches Deutsches Wörterbuch. Die semantische Vielfalt jedes Wortes zu ermitteln, war lexikographische Kärrnerarbeit. Erst wenn eine Verwendung häufig genug in unterschiedlichen Textsorten belegt war, fand sie Aufnahme ins DUW. Dies wird jedes Mal mit gängigen Beispielen illustriert. Zusätzlich werden mit wenigen graphischen Kürzeln

Übertragungen (Ü), Redensarten ® und Sprichwörter (SPR) charakterisiert. Welche Rolle feststehende Wendungen spielen, zeigt zum Beispiel der zweispaltige Eintrag *Ohr* (S. 1317). In über 50 fett gedruckten Wendungen von *ganz Ohr sein* bis *viel um die Ohren haben* wird belegt, welche Bedeutung metaphorische und metonymische Übertragungen für den deutschen Wortschatz besitzen. Die regelmäßige Aktualisierung aller Eintragungen – viel wird ergänzt, manches als veraltet bezeichnet, wenig gestrichen – ist die Aufgabe jeder Neuauflage. Für jeden Liebhaber des Deutschen ist das DUW eine Quelle der Vergewisserung und eine Bereicherung seines Sprachwissens. Deutschlehrer sollten ein solches Wörterbuch besitzen. Die erste Auflage erschien 1983, gespeist von dem 6-bändigen *Großen Wörterbuch der deutschen Sprache* (1976–1981). Mit ihm war dem damaligen Leiter der Dudenredaktion, Günther Drosdowski, ein großer Wurf wissenschaftlich begleiteter Lexikographie gelungen. Aus dem 6-Bänder ist inzwischen ein 10-Bänder geworden (1999). Die Aktualisierung in kompakter Form hat seitdem das DUW übernommen. Mit ihm besitzt das Deutsche ein lexikographisches Pendant zum französischen *Larousse* und zum englischen *Concise Oxford English Dictionary.*

Mehr routinemäßig habe ich auch das gut 70seitige Vorwort gelesen und war angenehm überrascht. Den Autoren ist eine sehr lesbare Einführung gelungen, die jedes Fachwort erklärt. Dazu gehört auch eine gemeinverständliche Skizze der deutschen Grammatik. Interessant sind Auswertungen zur Häufigkeit von Wörtern und Buchstaben. Bekanntlich ist der Buchstabe *e* der mit Abstand häufigste im deutschen Wortschatz. Warum wohl? Weil die vollen Vokale des Althochdeutschen in Vor- und Endsilben zu farblosem Schwa geschwächt wurden. So entstanden die charakteristischen

Wortstrukturen des Deutschen. Leider wird die Statistik im DUW nicht weiter erläutert.

Zum Umfang des deutschen Wortschatzes gibt es die bekannten Angaben: 300–500 000 Wörter mit großen Unterschieden im aktiv gebrauchten und passiv verstandenen Wortschatz. Die Vagheit solcher Zahlen hat einen einfachen Grund. Es ist unklar, was man eigentlich zählen kann und soll. Idealerweise wäre dies der Wortschatz, den die heute lebende deutschsprachige Bevölkerung (aktiv oder passiv) beherrscht. Lexikographen machen hier eine doppelte Einschränkung. Aus praktischen Gründen werden nur gedruckte Quellen ausgewertet, Eigenart und Vielfalt der gesprochenen Kommunikation finden kaum Berücksichtigung. Das geschieht zum Beispiel durch die stilistische Markierung *umgangsssprachlich (ugs.)* oder einen Hinweis auf regionale Geltung (z.B. *süddt.).* Das wichtigste Auswahlkriterium des DUW ist die Häufigkeit und die Belegung in verschiedenen Textsorten. Damit werden insbesondere die umfangreichen Wortschätze der Fachsprachen ausgegliedert. Man findet sie in den zahlreichen Fachwörterbüchern, z.B. dem Medizinischen Wörterbuch *Pschyrembel*, dessen jüngste Auflage 1968 Seiten umfasst. Das *Lexikon der Sprachwissenschaft* (2002) kommt mit 783 Seiten aus. Fachwörterbücher sind Sprach- und Sachwörterbuch in einem. Sie bieten Fachinformation, als Lehrmittel und Dokumentation des Forschungsstandes. Auch dies ist deutscher Wortschatz. Dagegen grenzt sich das DUW ab, es verspricht im Vorwort den „allgemeinen Wortschatz der deutschen Gegenwartssprache“ zu dokumentieren und kommt damit auf ca. 140 000 Einträge. Allerdings sind die Grenzen zwischen Fachsprachen und Allgemeinsprache fließend. Ständig finden neue Fachwörter Eingang in den allgemeinen Sprachgebrauch. Die technische Revolution von

Internet und Digitalisierung, von mobiler Telefonie und e-Mobilität liefert dafür unzählige Beispiele.

Auf der Suche nach dem Wortschatz, der zu unserer täglichen Kommunikation gehört, aber im DUW weitestgehend ausgeschlossen ist, stoßen wir auf zwei weitere Bereiche. Eines sind die Abkürzungen. Sie sind eine Domäne der Schriftlichkeit. Ihr Umfang wird meist unterschätzt. Ein entsprechendes Wörterbuch des Dudenverlags zählt etwa 50 000 Einträge. Davon sind im DUW nur die gängigsten wie *Azubi*, *TÜV* und *KI* aufgenommen. Ein zweiter Bereich, der aus alltäglicher Kommunikation nicht wegzudenken ist, sind die Eigennamen, also Familiennamen, Rufnamen, Ortsnamen, Firmennamen usw. Wieviel aus diesem proprialen Wortschatz gehört in ein allgemeinsprachliches Wörterbuch? Das DUW ist hier strikt: *Siemens*, *BMW* und *VW* fehlen. Die Abwahl der Eigennamen hängt natürlich mit ihrer fehlenden appellativen Bedeutung zusammen. Gleichwohl gibt es hier eine Übergangszone, die wenig beachtet wird. Allein der Name *Nürnberg*, um nur ein Beispiel zu nennen, wird sehr häufig in metonymischer Übertragung gebraucht. Wenn es im Sportbericht heißt *Nürnberg gegen München 1:1*, ist der *1. FC Nürnberg* gemeint, in der Aufzählung von Weihnachtsmärkten steht *Nürnberg* für den *Christkindlesmarkt.* Wenn es um die *Nürnberger Prozesse* geht, ist oft nur von *Nürnberg* die Rede. Besonders häufig werden Hauptstädte wie *Berlin, Rom, Istanbul* für die Regierungen in ihrem Land genannt. Doch kein Lexikograph käme auf den Gedanken, alle metonymisch verwendeten Eigennamen in ein allgemeines Sprachwörterbuch aufzunehmen.

Der ‚allgemeine Wortschatz' ist also nur ein Ausschnitt, der appellative Kern, der den meisten gebildeten Muttersprachlern bekannt ist. Zahlenangaben hierzu sind relativ willkürlich, sie hängen allein von den Auswahlkriterien ab. Das DUW macht dazu nur vage Andeutungen.

Ein zuverlässiges Zählen des Wortschatzes scheitert im übrigen an seinem ständigen Wandel. Denn neben einer Grundmenge von Sprachzeichen, die in den Köpfen der Muttersprachler gespeichert sind – das wird im DUW abgebildet –, besteht er aus einem vielgestaltigen System von Regeln, nach denen jeder Muttersprachler ad hoc neue Wörter und Wortbedeutungen erzeugen und gebrauchen kann. Mit den gleichen Regeln können andere Muttersprachler diese innovativen Zeichen erkennen und verstehen. Am bekanntesten sind hier die Regeln der Wortbildung, der Komposition und Ableitung durch Prä- und Suffixe. Auch die Regeln der Abkürzung gehören hierher. Hinzukommen Regeln der Phraseologisierung, d.h. der Bildung mehrteiliger fester Ausdrücke. Am wenigsten beachtet wird der übertragene Gebrauch durch Metapher oder Metonymie. Aus der großen Menge solcher ad-hoc-Bildungen ist nur ein kleiner Teil zum festen Bestand des Wortschatzes geworden. Er wird im DUW unter der Kürzel Ü verzeichnet. Die eigentliche Quelle der Übertragungen, das Regelsystem selbst, ist nicht quantifizierbar. Immerhin hat das DUW alle Prä- und Suffixe von *a-* bis *-zirkus,* in eigenen Artikeln aufgenommen. Dagegen finden die Regeln metaphorischer und metonymischer Übertragung, die wir täglich einsetzen, gar keine Erwähnung. Für eine künftige Auflage nenne ich zwei Wünsche: die systematische Aufnahme häufig gebrauchter Abkürzungen und wichtiger Eigennamen, außerdem eine ausführliche Darlegung, was den deutschen Wortschatz ausmacht und welchen Teil das DUW nach welchen Kriterien ausgewählt hat.

Wo könnte andererseits das DUW kürzen? Zum Beispiel beim Gendern. Im jüngsten Rechtschreibduden hatte die Redaktion sich feministisch geoutet: bei allen Personenbezeichnungen wurde eine feminine Form aufgenommen, zum Beispiel die *Abendländerin*, die *Phantastin* und die *Zynikerin*. Aus Prinzip, nicht weil diese Wörter wirklich oft genug belegt waren. Diese Praxis wurde auch ins DUW übernommen. Hier ist sie besonders überflüssig. Denn auf S. 929 wird das Movierungssuffix *-in* ausführlich charakterisiert. In einem anderen Punkt verzichtet das DUW aufs Gendern. In der Internetausgabe des Duden war zum Beispiel beim Stichwort *Mieter* die generische Bedeutung ‚jemand, der etwas gemietet hat' entfernt worden. Es gab nur noch die ‚männliche (bzw. weibliche) Person, die etwas gemietet hat'. Unzählige Mietverträge, in denen vom *Mieter* die Rede ist, oder Anzeigen, die einen *Nachmieter* suchen, waren nicht mehr Duden-gerecht. Das war Sprachpolitik im Wörterbuch. Davon nimmt das neue DUW Abstand. Es folgt dem 10-Bänder von 1999.

Abschließend sei ein Blick auf ein konkurrierendes Wörterbuch geworfen, das *Digitale Wörterbuch der Deutschen Sprache* (*DWDS*) der Berlin-Brandenburgischen Akademie der Wissenschaften. PC-affine Benutzer finden hier fast alles, was Lexikographie zu bieten hat: Erfassung des appellativen Wortbestandes mit umfassenden Angaben zu Schreibung, Aussprache, Morphologie und Bedeutung, Verweisung auf das Grimmsche Wörterbuch und das etymologische Wörterbuch von Pfeifer, insbesondere aber eine Vernetzung mit Textkorpora vom 15. bis 20. Jahrhundert. Das liefert zu jedem Stichwort ungezählte Belegtexte. Hinzukommen digitale Auswertungen über Gebrauchshäufigkeit und Kontexte. Das DWDS hat zwei Basisquellen: das vorzügliche *Wörterbuch der deutschen Gegenwartssprache* von Klappenbach und Steinitz (1977) sowie das 10-bändige Dudenwörterbuch (1999). Für alles weitere ist ein großer Mitarbeiterstab verantwortlich, der offenbar auch aktuellste Informationen aufnimmt. (Zum Stichwort *Remigration* fand ich bereits Hinweise auf die aktuelle Debatte.) Die Verankerung im Verbund deutscher Akademien gibt Hoffnung, dass die lexikographische Arbeit zum Deutschen hiermit eine dauerhafte Heimat gefunden hat.

Mein Lieblingswörterbuch allerdings ist das *Deutsche Wörterbuch* von Hermann Paul in seiner grundlegend überarbeiteten 10. Auflage von Helmut Henne und Mitarbeitern (2002, 1243 Seiten). Warum? Weil es in handlicher Form das schwer lesbare, vielfach veraltete Grimm'sche Wörterbuch ersetzt und für das 20. Jahrhundert ergänzt. Es bietet klug geraffte Bedeutungsgeschichte des zentralen deutschen Wortschatzes und illustriert diese mit authentischen Textbeispielen aus der neueren deutschen Literatur. Kann auch antiquarisch besorgt werden.

DUW oder DWDS? Natürlich liefert das aus öffentlichen Mitteln finanzierte digitale Großprojekt unvergleichlich mehr Informationen, es entwickelt sich zunehmend zu dem deutschen Wörterbuch der Zukunft. Doch wer den Bildschirm meiden, im Buch blättern, auch die meisten Wortfamilien auf einer Seite sehen möchte, wer schnelle knappe Auskunft sucht, ist mit dem DUW nach wie vor gut beraten. Und wer nach Wortgeschichte fragt, greift zum neuen Paul. Hauptsache, die Deutschen erhalten sich die Freude am Reichtum ihrer Sprache, wie ihn die Bedeutungswörterbücher des Deutschen erschließen.

Gendern: Heizungsgesetz für die deutsche Sprache

*Gendern. Auf Teufel*in komm raus?* Herausgegeben von Ewa Trutkowsky und André Meinunger. Kulturverlag Kadmos. Berlin 2024, 276 S.

Gibt es Neues in der Genderdebatte? Mein Eindruck: Das Generische Maskulinum und seine eventuellen Alternativen werden gründlicher erforscht. Das zeigt auch diese Schrift. Sie variiert den Titel einer früheren Publikation. Damals (2017) hieß es *Die Teufelin steckt im Detail. Zur Debatte um Gender und Sprache.* Seitdem ist viel geschehen. Die Partei Die Grünen/Bündnis 90 hat den Genderstern in ihrem Programm zur Bundestagswahl zum Muss erklärt, eine Art Heizungsgesetz für die deutsche Sprache: gut gemeint aber ohne die Hausbesitzer, die Sprachträger, zu fragen. Eine erste politische Antwort gab die bayerische Staatsregierung mit dem Verbot des Gendersterns in amtlichen Texten. Vielleicht ist jetzt Halbzeit der Debatte, Gelegenheit zu Rückblick und Vorausblick.

Die beiden Herausgeber aus dem Leibnitz-Institut für Allgemeine Sprachwissenschaft (Nachfolge der ehemaligen Ostberliner Akademie der Wissenschaften) haben Beiträge von 10 Autoren, 7 Autorinnen, einem Anonymus und einem nicht-binären Verfasser zusammengestellt. Viele stehen dem Berliner Institut nahe, die Mehrzahl ist eher östlich als westdeutsch orientiert. Das schafft etwas Distanz. Ziel sei es gewesen, heißt es im Vorwort, „die starre Dichotomie von ‚Freund und Feind‘ aufzubrechen und einen Band zu gestalten, der eine Vielfalt von Perspektiven, Ansichten und Erkenntnissen präsentiert“. Zu Recht wird im Vorwort an die heftige Auseinandersetzung um die Rechtschreibreform erinnert. Sie hat zu einer intensiven Beschäftigung mit den Regeln, den Zielen und überhaupt dem Wert der Rechtschreibung geführt. Und die Debatte hält an, seit es einen Rechtschreibrat gibt. Er ist auch beim Gendern gefragt. Können wir unsere Sprache gendergerechter machen oder zumindest bewusster benutzen?

Zum Einstieg liefern zwei Linguistinnen wichtige Grundinformationen. Gisela Zifonun, langjährige Leiterin der Abteilung Grammatik im Mannheimer Institut für deutsche Sprache, und Heide Wegener, Emerita aus Potsdam, erklären das umstrittene Generische Maskulinum, seinen Rang als ökonomisches Verfahren im Nebeneinander von generischem und spezifischem Gebrauch. Zifonun resümiert, beim Genderstern gehe es dagegen „allein um Selbstpositionierung und Wirkung auf potentielle Adressen". Gendern dürfe keine grammatischen Probleme bereiten. Sie plädiert gegen ein Ganz-oder-Garnicht, Sprachwandel brauche einen langen Atem. Wegener unterzieht die bekannten psycholinguistischen Tests, die als Hauptbegründung gegen das Generische Maskulinum gelten, einer kritischen Bewertung. Damit entzieht sie dem Gendern das vermeintliche wissenschaftliche Fundament.

Ein neues Thema bearbeitet Huber Haider, Emeritus aus Salzburg. Es geht um den Knacklaut, den glottalen Verschluss, der in gesprochener Sprache den Genderstern symbolisieren soll. Feministisch gesonnene Redakteurinnen hatten sich das ausgedacht, hatten es in ihren Auftritten praktiziert und heftigsten Widerspruch bei Zuhörern ausgelöst. Darum überrascht mich die einleitende Behauptung Haiders, „der glottale Plosiv (sei) seit kurzem auf dem Wege, phonemisch zu werden." Also bedeutungstragend. Eben das gibt es bisher nicht, der Knacklaut tritt im Deutschen nur begleitend bei vokalischem Anlaut auf. In der Sache steckt Sprengstoff, weil es jetzt nicht nur um die Schriftsprache, sondern um die eigentliche, die primäre, die gesprochene

Sprache geht. Haider erkennt zwar, dass es sich beim Gender-Knacklaut um einen ideologisch motivierten Vorgang handele, kommt aber nach ausführlicher Analyse zu einem Resultat, das diese Erfindung rechtfertigt. Hier beginne sich ein neues Movierungssuffix zu etablieren. Das scheint mir linguistische Spielerei, die falsche Erwartung nährt.

Ernst zu nehmen ist dagegen die Untersuchung von Ewa Trutkowsky, die dem generischen Gebrauch des Pronomens *wer* nachgeht. Das Thema war bisher in Grammatiken kaum behandelt worden. Ein Gewinn der Genderdebatte. Im Ergebnis stellt die Autorin allerdings fest, den Stereotypen geschlechtermäßiger Konzeptionalisierung sei mit einer Vermeidung von Pronomina wie *wer*, *niemand* oder *man*, also durch Sprachsteuerung, nicht beizukommen. Zu ähnlichem Ergebnis kommt André Meinunger, seit den 90er Jahren Mitarbeiter am Berliner Zentrum Allgemeine Sprachwissenschaft. Er befasst sich mit ‚kleineren' Problemen gendergerechter Sprache (*frau*, Stern, Movierung) und resümiert am Ende: „Es ist ja ein grundsätzlicher Ansatz der gendergerechten Aktion, auch kleinsten Minderheiten gerecht werden zu wollen. Es bleibt wohl dabei: Es ist schlicht unmöglich." Einen lesenswerten linguistischen Schlusspunkt setzt Helmut Weiß, Professor für historische Linguistik des Deutschen (Frankfurt/Main), mit einer kurzen Geschichte des Genus im Deutschen. Er beobachtet einen Sprachwandel in der Kongruenz von Pronomen und Nomen, der die Natürlichkeit des Deutschen erhöht.

Der mittlere Teil der Schrift ist den Praxiserfahrungen mit dem Gendern gewidmet. Martin Neef, Prof. für Germanistische Linguistik an der TU Braunschweig, überprüft und zerpflückt einen Genderleitfaden seiner Universität, beispielhaft für viele solcher ‚Empfehlungen', die in der Regel von feministisch inspirierten Laien verfasst und von anderen

Laien in Behörden, Universitäten usw. gebilligt wurden. Katrin Kunkel-Razum, bekannte Leiterin der Dudenredaktion, erhält Gelegenheit, die gehäufte Aufnahme weiblicher Personenbezeichnungen im Duden zu begründen. Man sieht: Der Dudenverlag bleibt seiner Geschichte treu, den Zeitgeist zu belauschen, um immer umfangreichere Auflagen seines Standardwerks auf den Markt zu bringen. Uta Sändig, ehemalige Mitarbeiterin des Instituts für Germanistik der Universität Potsdam, sagt Kontra zur Genderpraxis aus der Erfahrung von DDR und neuen Bundesländern. Im Sternchen sieht sie „nur noch die zweifelhafte Funktion, Menschen in ihrem Kommunikationsverhalten disziplinieren zu sollen." Gabor Fonyad, Schriftsteller und Lehrer an einem Gymnasium in Niederösterreich, bringt ein Grundproblem des Genderns zur Sprache, das Verhältnis von Denken und Sprache. Wie kommen Sprachen ohne Genus mit der Genderfrage zurande? Unter dem ironischen Titel ‚Das gelobte Land der geschlechtslosen Grammatik. Ein Blick ins exotische Ungarn' gibt er überraschende Antworten. Einen innovativen Bereich des Genderns thematisiert Julian A. Rott, Doktorand an der Humboldt-Universität, der sich als nicht-binär vorstellt. Es geht um sogenannte Neopronomen, also Konstrukte von Pronomen, die nicht auf das Geschlecht Bezug nehmen. So habe sich, berichtet Rott, im Schwedischen die neue geschlechtsunspezifische Form *hen* (neben *hon* ‚sie' und *han* ‚er') „extrem schnell durchgesetzt". Rott berichtet über vergleichbare Vorschläge für viele Sprachen der Welt. In diesen Zusammenhang gehört auch der Bericht eines Anonymus (Barnes), der von seiner transsexuellen Orientierung berichtet. Seine Einlassung widerspricht gängiger Erwartung. Der Autor hadert mit dem „Rigorismus (…) politisch korrekter Sprache" und bekennt „Sprache dürfe nie den lebendigen Zusammenhang mit den Sprachpraxen gewöhnlicher Menschen verlieren."

Wenig beachtet wurde das Gendern bisher in den Unterrichtsmaterialien Deutsch als Fremdsprache (DaF). Das beklagt Tim Hirschberg, erfahrener DaF-Lehrer in Peking. Er hofft, dass künftig vom DaF-Unterricht Impulse ausgehen für die Gender-Praxis. In der Tat ist aller Unterricht des Deutschen ein zentraler Punkt für Durchsetzung oder Abwehr des Genderns. Ich frage mich auch: Wie wird sich die Übermacht von Lehrerinnen im Grundschulbereich auswirken? Mehr als Behörden, Universitäten oder zeitgeistbewusste Firmen sind unsere Schulen ein Angelpunkt für die Zukunft des Deutschen. Dazu sollte man auch einen Bereich zählen, der bisher wenig beachtet wurde: das Übersetzen. Zwei Übersetzerinnen, Olga Radetzkaja und Katharina Raabe führen einen lesenswerten Dialog über die Möglichkeiten und Fragwürdigkeiten des Genderns. Praktisch gibt es keinen Bereich, der vor der Herausforderung des Genderns bewahrt bleibt. So ringt Norbert M. Schmitz, Professor für Ästhetik, mit der Frage, inwieweit in kunstgeschichtlicher Darstellung Gendern geboten oder zu verwerfen ist: Verdeckt nicht die Rede von Künstler*innen und Designer*innen den Emanzipationsprozess von Frauen in der Kunst? Birgt eine übersteigerte Form der Political Correctness nicht die Gefahr ideologischer Verschleierung? Der Autor macht auf das Problem des Genderns in jeglicher Wissenschaftssprache aufmerksam.

Vor einer besonderen Herausforderung stehen die öffentlichen Medien, Rundfunk und Fernsehen. Tobias Kurfer, Redakteur beim Deutschlandfunk hat sich gegen das Gendern entschieden. „Für die riesige Mehrheit der Menschen ist Gendern nicht *ihre* Sprache und wird es auch nie werden. Sie stören sich daran, finden es lästig, unnötig, umständlich, bürokratisch, ideologisch, hässlich und sie verwenden es auch nicht." Ähnlich votiert Ingo Meyer aus seiner Erfahrung als Schlussredakteur bei der Berliner Zeitung: „Die Aktivisten der Identitätspolitik haben im Gendern eine hehre Aufgabe entdeckt, in die sie sich mit Leidenschaft verbissen haben. Im Moment sind sie dabei, sich im Gendersprachwald zu verirren." Vorsichtiger resümiert Stephanie Rohde, freiberufliche Journalistin: „Der Genderstern ist weniger als der Weisheit letzter Schluss zu betrachten, sondern eher als Anregung, in einem gendersensibleren Mindset zu sprechen."

Fazit: Gendern ist weder durch noch am Ende. Dieser Sammelband beleuchtet, wie viele in ihrem Berufsleben betroffen sind. Unter ihnen überwiegt eine kritische Distanz gegenüber ideologischer Bevormundung. Anderseits ist zu konstatieren: Das generische Maskulinum hat seine Unschuld verloren. Es riecht für viele immer etwas nach maskulin, nach Männern. Gesucht wird nach angemessenen Auswegen zwischen Bewahrung eines genialen Systems der Referenz und der erwünschten gendermäßigen Sensibilität.

16.

Resümee

Beim Thema Sprache sehe ich mich in einer doppelten Rolle: als Sprachwissenschaftler bin ich ein professioneller Beobachter, als Muttersprachler ein Betroffener. Auf der einen Seite habe ich die Forderungen nach grundlegenden Sprachänderungen mit Sachkenntnis einzuordnen; auf der anderen Seite ist mein Sprachgefühl betroffen, nimmt Stellung, fordert Einhalt. Mit Schmerzen sehe ich, wie viele Menschen Anstoß nehmen an der Sprache, die mir vertraut ist, die ich für richtig halte. Ich versuche, beiden Seiten gerecht zu werden.

Gendern

Ich beobachte, dass viele Menschen, am meisten jung gebliebene, gut-verdienende Frauen, das generischen Maskulinum meiden. Sie fühlen sich angesprochen von dem Narrativ, sie seien dabei nur mitgemeint. Viele wählen den Genderstern wie in *Bürger*innen* und sehen sich damit an der Spitze einer fortschrittlichen Bewegung. Auch sonst werden in der Sprachgemeinschaft Personen- und Berufsbezeichnungen in maskuliner Form vermieden. Als Ersatz dienen häufig sogenannte Doppel- oder Beidnennungen (*Bürger und Bürgerinnen*) oder Partizipien (*Forschende* statt *Forscher*). Es geht fast immer um Pluralbezeichnungen. Hier ist das Genus neutralisiert, sodass es bei begleitenden Pronomen oder Adjektiven keine Probleme gibt (anders im Singular: *der/die Polizist*in, ein(e) Anwalt*in).* Seit die GRÜNEN in ihrem Wahlprogramm zur Bundestagswahl den Genderstern zur Pflicht erhoben haben, ist ‚Gendern' zum Politikum geworden. AfD und die CDU/CSU lehnen es ab, die SPD neigt den Grünen zu, um ihnen dies Feld vermeintlichen Fortschritts nicht zu überlassen, die FDP hält sich raus. Das Gendern findet breite Unterstützung bei den Gleichstellungsbeauftragten (früher *Frauenbeauftragte* genannt) in Universitäten, Schulen, Verwaltungen, Firmen. Im öffentlichen Sprachverkehr werden bisher meist Doppelnennungen vorgezogen, Zeitungen und Bücher bleiben weitestgehend beim Bisherigen. Jüngster Stand der Auseinandersetzung: die Bayerische Staatsregierung untersagt den Genderstern für Verwaltung, Schulen und Hochschulen.

Als Beobachter fürchte ich, dass der Konflikt nicht durch Sieg oder Niederlage einer Seite beendet wird. Wie bei jedem Sprachwandel, bleiben beide Varianten lange Zeit nebeneinander bestehen. Hier allerdings droht Schlimmeres: eine Spaltung zwischen Sprechsprache und Schreibsprache. Die gesprochene Alltagssprache ist bis heute weitestgehend immun geblieben von allen Genderversuchen. Als eine Nachrichtensprecherin den Genderstern durch einen kleinen Hick symbolisieren wollte, erreichte sie ein Sturm der Entrüstung. Selbst Doppelnennungen, die milde Form des Genderns, kommen nur in vorbereiteten Reden vor, sie sind viel zu umständlich. Sollte der Genderstern in der Schrift akzeptiert werden, entsteht dort eine ideologisch geprägte Sondersprache. Welche wird man in andere Sprachen übersetzen, welche als Fremdsprache lehren?

Ist hier ein Kompromiss möglich? Aus sprachwissenschaftlicher Sicht sind die beiden Hauptformen des Genderns, als Simplex (*Bürger*innen*) oder im Bestimmungswort (*Bürger*innengeld*) inakzeptabel. Die Endung *-in* weist eindeutig auf eine weibliche Person hin. Diese Formen zu generalisieren, verstößt gegen die Wortbildung. Weiterhin richtig sind

Doppelnennungen. Sie sollten aber auf Fälle beschränkt werden, wo ausdrücklich auf Frauen und Männer Bezug genommen wird. Es lohnt die Mühe, sich das zu überlegen.

Rechtschreibung

Gegen wen muss die Rechtschreibung des Deutschen verteidigt werden? Als erstes gegen jene, die die Rechtschreibreform zum Politikum gemacht und durchgesetzt haben. Das Vorhaben der Kultusminister, die überkommenen, im ganzen funktionierenden Rechtschreibregeln grundlegend zu ändern, war im Grunde eine Anmaßung. Rechtschreibung wurde reduziert auf die schulischen Aufgaben des Rechtschreibunterrichts. Damit Schreiben und Lesenlernen leichter werden, sollten die Schreibregeln vereinfacht werden. Damit wurde völlig ausgeblendet, dass die Schreibung einer Sprache ein Gemeingut einer Sprachgemeinschaft ist, vor allem getragen von den Praktikern der Schriftkultur, den Schriftstellern, Journalisten, Wissenschaftlern, Lehrern und natürlich Millionen Lesern. Die einseitige Sicht auf die schulischen Aufgaben des Rechtschreibunterrichts hat sich in mehreren Entscheidungen niedergeschlagen, die am Ende für das Verfehlen aller Ziele verantwortlich waren. Als erstes ist hier die einseitige Zusammensetzung der Rechtschreibkommissionen mit Reformbegeisterten (ebenso in der DDR, in Österreich und der Schweiz) zu nennen, unter systematischer Meidung der Reformgegner unter den Sprachwissenschaftlern, als zweites die Ignorierung aller Betroffenen und als drittes die Umgehung parlamentarischer Befassung. Die Rechtschreibreform wurde auf dem Verordnungswege über die Absprache in der Kultusministerkonferenz durchgesetzt.

Rückblickend ist festzustellen, dass die Rechtschreibreform nur wenig gebessert, aber vieles verschlechtert hat. Dem Dudenverlag, der in der Nachfolge von Konrad Duden die

Rechtschreibregeln verwaltet und zunehmend komplizierter gemacht hat, wurde die Verantwortung für die deutsche Rechtschreibung entzogen. Sie liegt jetzt bei der Kultusministerkonferenz der Länder und dem Gremium aus Vertretern aller deutschsprachigen Länder, dem Rat für deutsche Rechtschreibung, der ihr zuarbeitet. Damit ist die Verantwortung – ähnlich wie in den skandinavischen Ländern – auf eine breite Grundlage gestellt. Im ganzen verbessert wurde auch die Regeldarstellung im Vergleich mit den bisherigen Duden-Regeln. Die Mängel entstanden aus der zweifelhaften Zielsetzung der Reform nach Vereinfachung und Systematisierung. Daran waren schon alle bisherigen Reformversuche seit dem 17. Jahrhundert gescheitert. Als verhängnisvoll erwies sich auch die Praxis, neue Regeln zu erfinden, ohne zuvor geprüft zu haben, welchen Sinn die geltenden hatten. So entstand ein starres Regelsystem, das der Dynamik des Sprachwandels nicht mehr Rechnung trägt. Es wurde der wesentliche Grundsatz ignoriert, dass die Schriftform die Sprechsprache abzubilden hat und auch ihrem Wandel folgt. Das gilt im Deutschen besonders für zwei Bereiche, die Zusammenschreibung und die Groß- und Kleinschreibung. Es wird eine Aufgabe des Rechtschreibrates sein, dies zu beobachten und die Schreibung anzupassen. Vorallem aber hat er die Aufgabe, die Einheit der deutschen Schriftsprache zu schützen und die Kultusminister vor politischen Entscheidungen zu bewahren, die ihnen nicht zustehen.

Englisch im Deutschen

Die zunehmende Zahl von Anglizismen im Deutschen beunruhigt viele. Der jährlich neu aufgelegte Anglizismen-Index des Vereins deutsche Sprache kommt mit dem Kodifizieren kaum nach. Dies betrifft die allermeisten Sprachen dieser Erde und hängt mit der globalen Präsenz des Englischen, seiner Vorherrschaft im Internet und der zunehmenden Vernetzung von Politik, Wirtschaft, Handel und Kultur auf dieser Erde zusammen. Englisch als Lingua Franca ist überall unentbehrlich. Dennoch halte ich eine Gefährdung des Deutschen und anderer Sprachen durch diesen Sprachkontakt für gering. Neue Fremdwörter kommen nicht nur, viele gehen auch wieder. Im übrigen werden Entlehnungen alsbald lautlich, graphisch, grammatisch integriert. So sind Latinismen und Gräzismen in allen europäischen Sprachen zu einem festen Bestandteil geworden, ohne dass die Sprachen ihre Spezifik eingebüßt hätten.

Eine viel größere Gefahr lauert an anderer Stelle: beim Verlust ganzer Domänen der Kommunikation zugunsten des Englischen. Wenn in einigen Wissenschaften nur noch auf Englisch publiziert und gelehrt wird, ist dies ein elementarer Nachteil für alle, die Englisch nicht als Muttersprache gelernt haben. Sie können ihre sprachliche Kreativität in diesen Fächern nicht entfalten, sind angewiesen auf ihre eingeschränkten Englisch-Kenntnisse. In diesen Fächern wird keine deutsche Fachterminologie mehr entwickelt, nach und nach geht der eigenen Sprache der Fachwortschatz in dieser Domäne verloren. Am Ende wird hier nur noch in der Lingua Franca kommuniziert. Das meine ich mit der These vom Niedergang des Deutschen zu einem Dialekt des Englischen. Wir können hierzu einen sprachhistorischen Vergleich anstellen. Über Jahrhunderte war Latein die europäische Lingua Franca. Davon haben sich die europäischen Volkssprachen in einem langen Prozess der Emanzipation befreit. Jetzt sind wir auf dem Rückweg.

Unsere Namen

Die Bedeutung der Eigennamen in unserer Sprache wird weit unterschätzt. Denn die Namengebung ist ein elementarer Teil unseres Sprachvermögens. Sie hat zwei Seiten. Am wichtigsten ist der feste Bestand von Familiennamen, Rufnamen und Namen von Gewässern. Die einen werden vererbt, die anderen aus dem Vornamenbuch ausgewählt, die letzteren sind unveränderlich. Daneben herrscht kreative Namengebung für neue Vereine, Firmen, Produkte, auch für neue Straßen und Gemeinden. Ihnen soll damit eine dauerhafte sprachliche Identität verliehen werden.

Bei den viel diskutierten Umbenennungen geht es einerseits um ehrende Namen für Straßen, Gebäude, Vereine, Schulen usw. nach bekannten Persönlichkeiten oder um Namen, die Wörter enthalten (wie *Mohr* oder *Neger*), welche heute als rassistisch gemieden werden. Die Motivation für beide Umbenennungen ist ähnlich. Im Grunde werden Wertvorstellungen von heute auf die Namenwahl der Vergangenheit angewandt. Dies ist unstrittig bei Personen, die später als Verbrecher entlarvt wurden. In den meisten Fällen dagegen sind Umbenennungen fragwürdig. Gerade Straßennamen repräsentieren ein Stück Stadtgeschichte, die man ebensowenig tilgen kann wie die Gebäude jener Zeit. Oft wird der Fehler begangen, durch Umbenennung eine Art Wiedergutmachung zu leisten. Damit wird nur eine neue Ideologie durch eine frühere ersetzt. Überhaupt ist es eine zweifelhafte Mode, dass immer mehr Straßennamen herhalten müssen, verdiente Persönlichkeiten zu ehren. Schon die nächste Generation der Anwohner wird nicht mehr wissen, wer das war. Denn die Hauptfunktion von Straßennamen ist eindeutige Identifizierung und Orientierung im städtischen Raum. So erlischt alsbald die ehrende Nebenbedeutung. Sie stört nicht und sie ehrt nicht mehr. Die Kommunen sollten Umbenennungen, auch aus Kostengründen, meiden und bei Neubenennungen darauf sehen, wozu Straßennamen eigentlich da sind.

Zukunft des Deutschen

Die Bewahrung des Deutschen als europäische Kultursprache ist keine Selbstverständlichkeit. Sprache braucht Schutz und Hilfe. Auch von Seiten der Politik. Leider ist gerade das Gegenteil der Fall. So hat die Schließung von acht Goetheinstituten zum Jahresende 2023 nicht nur bei den Betroffenen, sondern auch in Deutschland Empörung und Entsetzen ausgelöst. In Frankreich und Italien, unseren liebsten Nachbarländern, wird die Kultur- und Spracharbeit an sechs Standorten eingestellt. „Eine kulturpolitische und strategische Katastrophe", kommentierte die Süddeutsche Zeitung.

Der Schutz von Sprache hat viele Facetten. Er betrifft auch die Vielfalt der gesprochenen Sprache, der Dialekte und der Regionalsprachen. Diese sind Ausdruck unserer bewegten Geschichte, der Regionen und ihrer Traditionen. Das kommt in der Förderung, der Pflege und Erforschung der Dialekte zum Ausdruck. Darum ist der rasante Niedergang des Plattdeutschen in Norddeutschland ein beunruhigendes Phänomen.

Der wichtigste nationale Schutz gebührt der standardisierten deutschen Schriftsprache. Sie ist eine späte Errungenschaft des kulturellen Aufbruchs im 18. und 19. Jahrhundert. Sie wurde dem dominierenden Latein, der Lingua Franca Europas, in einem mühsamen Prozess der Selbstbehauptung abgerungen. Erst 1901 kam es zu einer Rechtschreibeinigung, 1996 zu einer (missglückten) Reform. Ein Lichtblick ist die Einrichtung des ‚Rates für deutsche Rechtschreibung', in dem erstmals alle Länder mit Deutsch als Muttersprache vertreten sind. Ihm obliegt insbesondere der Schutz der Einheitssprache, das heißt der Sprache von Gesetzen und Verordnungen, der Wissenschaften, der Buch- und Zeitungskultur. Zurecht hat sich der Rat geweigert, das ideologisch begründete Gendern zu akzeptieren. Die breite Ablehnung solcher Sonderschreibungen ist Zeugnis eines lebendigen Sprachbewusstseins. Der Streit hierum ist keine Kleinigkeit, wie die Feministinnen und ihre Follower behaupten. Warum bestehen sie dann so aufdringlich auf dem Genderstern? Sein Verbot in Bayern ist eine Notbremse.

Dem Schutz einer Sprache muss eines vorausgehen: ihre Wertschätzung. Hier üben sich die meisten Deutschen in Bescheidenheit. Doch der Erfolg der Schrift ‚Deutsch. Eine Liebeserklärung' (2022) von Roland Kaehlbrandt lässt hoffen. Mit Begierde haben viele die im Untertitel genannten ‚zehn großen Vorzüge unserer erstaunlichen Sprache' aufgenommen.

Entschieden wird die Zukunft des Deutschen in Europa. Unterliegen die großen Nationalsprachen der Lingua Franca Englisch? Die Sache ist zweischneidig. Einerseits brauchen wir das Englische zur Überbrückung unserer sprachlichen Vielfalt, andererseits müssen wir uns davor hüten, der Dominanz des Englischen zu unterliegen. Was sind die geeigneten Mittel hierzu? Eines leistet die Europäische Union mit ihrem gigantischen Übersetzungsprogramm in alle Sprachen der EU. Das ist Ausdruck der Anerkennung dieser nationalen Vielfalt. Das andere muss die gegenseitige Vermittlung der EU-Sprachen untereinander sein. Der Mehrsprachigkeit in Europa hat der Romanist Jürgen Trabant in seiner Schrift ‚Globalesisch oder was?' eine eindringliche Würdigung gewidmet. Doch wird Mehrsprachigkeit oft zu einseitig betrachtet, als Vollkompetenz von Sprechen, Schreiben, hörendem und lesendem Verstehen. Diese vier Kompetenzen besitzen nur wenige Menschen in mehreren Sprachen. Nicht alle sind für den Alltag erforderlich. Das wichtigste ist, neben Grundzügen des Sprechens und Verstehens, eine entwickelte Kompetenz im Lesen mehrerer Sprachen. So werden Bücher,

Zeitungen, Fachtexte überregional zugänglich. Auch der Sprachunterricht sollte sich auf die Entwicklung dieser Fähigkeiten konzentrieren, nicht auf das Pauken von Vokabeln und Flexionsmorphologie. Solch gegenseitiges Sprachverstehen ist in Skandinavien zwischen den verwandten Sprachen Schwedisch, Norwegisch und Dänisch schon weit verbreitet. Der amerikanische Skandinavist Einar Haugen hat dem einen eigenen Namen gegeben: Semikommunikation.

Eine große Erleichterung für das Lesenlernen einer Fremdsprache ist der gemeinsame Fundus an lateinischen und griechischen Lehnwörtern und ihrer Weiterbildungen. Mit der abweisenden Bezeichnung ‚Fremdwörter' haben wir diesem gemeinsamen europäischen Erbe keinen Gefallen getan. Treffender ist der sprachwissenschaftliche Name ‚Eurolatein'. Ein Großteil davon macht unseren Bildungswortschatz aus. Damit hat sich der Germanist Gerhard Augst eingehend befasst. Sein Buch ‚Bildungswortschatz' (2021) hat schon weite Verbreitung gefunden. Hier knüpft Matthias Heine mit ‚Kluge Wörter' (2024) an. Sie sind Ausdruck von Bildung und von europäischer Vernetzung.

Mehrsprachigkeit hat ihre Stärke im lesenden Verstehen mehrerer Sprachen. Dafür leisten die Goetheinstitute mit ihren Bibliotheken und ihrer Spracharbeit die beste Grundlage. So könnte innerhalb Europas eine Lingua Franca der Mehrsprachigkeit entstehen. Das wäre eine linguistische Ergänzung zur europäischen Freizügigkeit, zur gemeinsamen Währung und zum selbstverständlichen Austausch von Fisch und Fleisch, von Käse und Wein auf unseren Esstischen. Zukunft des Deutschen? Sie liegt in der Bewahrung von Eigenart und Einheit sowie in der Verbreitung als gelesene Sprache innerhalb Europas.

17.

Literatur

ADELUNG, Johann Christoff (1782): *Grundsätze der deutschen Orthographie*. Leipzig.

Anglizismen-Wörterbuch (1993, 1994, 1996). *Der Einfluß des Englischen auf den deutschen Wortschatz nach 1945*. Begründet von Broder CARSTENSEN, fortgeführt von Ulrich BUSSE. 3 Bände. Berlin, New York,

AUGST, Gerhard/BLÜML, Karl/NERIUS, Dieter/SITTA Horst (Hgg. 1997): *Zur Neuregelung der deutschen Orthographie. Begründung und Kritik*. Tübingen.

BERGMANN, Rolf und NERIUS, Dieter (Hgg. 1998), *Die Entwicklung der Großschreibung im Deutschen von 1500 bis 1700*. 2 Bände. Heidelberg.

BRENDLER, Andrea & BRENDLER, Silvio (2004): *Namenarten und ihre Erforschung*. Hamburg.

Concise Oxford English Dictionary (2011), 12. Edition, edited by Angus STEVENSON, Maurice WAITE. Oxford.

DEBUS, Friedhelm (2012): *Namenkunde und Namengeschichte. Eine Einführung*. Berlin (= Grundlagen der Germanistik 51).

Deutsche Akademie für Sprache und Dichtung, Union der deutschen Akademien der Wissenschaften (Hg. 2013): *Reichtum und Armut der deutschen Sprache. Erster Bericht zur Lage der deutschen Sprache*. Berlin.

Deutsche Akademie für Sprache und Dichtung/Union der deutschen Akademien der Wissenschaften (Hg. 2017) *Vielfalt und Einheit der deutschen Sprache. Zweiter Bericht zur Lage der deutschen Sprache*. Berlin.

Deutsche Rechtschreibung. Regeln und Wörterverzeichnis. Vorlage für die amtliche Regelung (1995). Herausgegeben vom Internationalen Arbeitskreis für Orthographie. Tübingen.

DÖRFLER, Hans-Diether (2006): *Die Straßennamen der Stadt Erlangen. Onomastische und historische Grundlagen der Namengebung und Wörterbuch*. Erlangen und Jena.

DUDEN (1999): *Das große Wörterbuch der deutschen Sprache in* 10 Bänden. Mannheim.

DUDEN (2020): *Die Deutsche Rechtschreibung* 28., völlig neu bearbeitete und erweiterte Auflage. Herausgegeben von der Dudenredaktion. Berlin.

DUDEN (2022): *Die Grammatik Struktur und Verwendung der deutschen Sprache. Satz – Wortgruppe – Wort.* 10., völlig neu verfasste Auflage. Herausgegeben von Prof. Dr. Angelika WÖLLSTEIN und der Dudenredaktion. Berlin.

DUDEN (2023): *Deutsches Universalwörterbuch. Das große Bedeutungswörterbuch*. 10. Auflage. Berlin.

DWDS. *Digitales Wörterbuch der deutschen Sprache*.

EISENBERG, Peter (2013): *Grundriss der deutschen Grammatik*. 4. Auflage. Stuttgart.

EROMS, Hans Werner/MUNSKE, Horst Haider (Hgg. 1997): *Die Rechtschreibreform. Pro und Contra*. Berlin.

FLEISCHER, Wolfgang/BARZ, Irmhild (2012): *Wortbildung der deutschen Gegenwartssprache*. 4. Auflage, völlig neu bearbeitet von Irmhild Barz unter Mitarbeit von Marianne Schröder. Berlin/Boston.

GALLMANN, Peter/SITTA, Horst (1996): *Duden. Die Neuregelung der deutschen Rechtschreibung. Regeln, Kommentar und Verzeichnis wichtiger Neuschreibungen*, Mannheim.

*Gendern. Auf Teufel*in komm raus*? (2024). Herausgegeben von Ewa TRUTKOWSKY und André MEINUNGER. Berlin.

GRIMM, Jacob und GRIMM, Wilhelm: *Deutsches Wörterbuch* (1854–1971). 33 Bände, Leipzig, Nachdruck (1984) München.

GRUND, Uwe (2016): *Orthographische Regelwerke im Praxistest. Schulische Rechtschreibleistungen vor und nach der Rechtschreibreform*. Berlin.

VON HALLER, Berthold Frhr. und JAKOB, Andreas (Hgg. 2002): *Erlanger Stadtlexikon.* Nürnberg.

HEINE, Matthias (2024): *Kluge Wörter*. Berlin.

HERRGEN, Joachim/SCHMIDT, Jürgen Erich (Hgg. 2019): *Deutsch. Sprache und Raum – Ein internationales Handbuch der Sprachvariation.* Unter Mitarbeit von Hanna Fischer und

Brigitte Ganswindt. Berlin/Boston. (Handbücher zur Sprach- und Kommunikationswissenschaft. 30.4)

ICKLER, Theodor (1997): *Die sogenannte Rechtschreibreform. Ein Schildbürgerstreich*. St. Goar.

KAHLBRANDT, Roland (2022): *Deutsch. Eine Liebeserklärung. Die zehn großen Vorzüge unserer erstaunlichen Sprache*. München.

KANY, Werner (1995): *Namenverwendung zwischen öffentlich und privat*. In: Eichler, Ernst et al.: Namenforschung. Ein internationales Handbuch der Onomastik. 3 Bände. Berlin, New York.

KOSS, Gerhard (2002): *Namenforschung. Eine Einführung in die Onomastik*. 3. aktualisierte Auflage. Tübingen (= Germanistische Arbeitshefte 34).

KRIEGER Hans (1998): *Der Rechtschreibschwindel. Zwischenrufe zu einem absurden Reformtheater*. St. Goar.

KUNZE, Reiner (2004): *Die Aura der Wörter. Denkschrift zur Rechtschreibreform. Neuausgabe mit Zwischenbilanz*. Stuttgart.

LAUR, Wolfgang (1967): *Historisches Ortslexikon von Schleswig-Holstein*. Neumünster.

MEINEKE, Eckhard (2023): *Studien zum genderneutralen Maskulinum*. Heidelberg.

MUNSKE, Horst Haider (1997): *Orthographie als Sprachkultur*. Frankfurt a.M.

MUNSKE, Horst Haider (2005): *Die angebliche Rechtschreibreform*. St. Goar.

MUNSKE, Horst Haider (2005): *Lob der Rechtschreibung. Warum wir schreiben, wie wir schreiben*. München.

MUNSKE, Horst Haider (2015): *Ausgewählte sprachwissenschaftliche Schriften* (1970–2015), hg. von LEE, Jinhee. 2 Bände. Erlangen (auch http://dnb.d-nb.de)

MUNSKE, Horst Haider (2019): *100 Glossen zum heutigen Wortschatz*. Erlangen.

Namenforschung. Ein internationales Handbuch zur Onomastik (1995/1996). Herausgegeben von Ernst EICHLER et al. 3 Bände. Berlin/New York.

NERIUS, Dieter (2000): *Duden. Deutsche Orthographie*. 3. neu bearb. Auflage unter Leitung von Dieter Nerius. Mannheim.

NÜBLING, Damaris/FAHLBUSCH, Fabian/HEUSER, Rita (2015): *Namen. Eine Einführung.* 2. überarbeitete und erweiterte Auflage. Tübingen (= Narr Studienbücher).

PAUL, Hermann (2002): *Deutsches Wörterbuch. Bedeutungsgeschichte und Aufbau unseres Wortschatzes.* 10., überarbeitete und erweiterte Auflage von Helmut Henne, Heidrun Kämper und Georg Objartel. Tübingen.

PUSCH, F. Luise (1984): *Das Deutsche als Männersprache. Aufsätze und Glossen zur feministischen Linguistik.* Berlin.

Schrift und Schriftlichkeit. Writing and Its Use. Ein interdisziplinäres Handbuch internationaler Forschung. An Interdisciplinary Handbook of International Research (1994, 1996). Zusammen mit/Together with BAURMANN Jürgen et al. hg. von/ Edited by GÜNTHER Hartmut, LUDWIG Otto, 2 Bände/2 Volumes. Berlin, New York.

TRABANT, Jürgen (2014): *Globalesisch oder was? Ein Plädoyer für Europas Sprachen.* München.

WAHRIG (2006), *Deutsche Rechtschreibung*. Hg. von der WAHRIG-Redaktion, Gütersloh/München.

WEINREICH, Uriel (1956): *Modern English-Yiddish Yiddish-English Dictionary.* New York.

Wörterbuch der deutschen Gegenwartssprache (1977), hg. von Ruth KLAPPENBACH und Wolfgang STEINITZ. Berlin.

ZEMB, Jean-Marie (1997): *Für eine sinnige Rechtschreibung. Eine Aufforderung zur Besinnung ohne Gesichtsverlust.* Tübingen.

ZIFONUN, Gisela (2021): *Das Deutsche als europäische Sprache. Ein Porträt.* Berlin/Boston.

Zur Neuregelung der deutschen Rechtschreibung. Der kommentierte Vorschlag der Kommission für Rechtschreibfragen des Instituts für deutsche Sprache, Mannheim, und die Stellungnahme der Gesellschaft für deutsche Sprache (1989): Hg. von der Kommission für Rechtschreibfragen des Instituts für deutsche Sprache. Mannheim.

Anmerkungen

1 GRUND, Uwe (2016): *Orthographische Regelwerke im Praxistest. Schulische Rechtschreibleistungen vor und nach der Rechtschreibreform*, Berlin.

2 Die meisten Bücher zur Rechtschreibreform erschienen 1996/1997: AUGST, Gerhard/BLÜML, Karl/NERIUS, Dieter/SITTA, Horst (Hgg., 1997): *Zur Neuregelung der deutschen Orthographie. Begründung und Kritik*. Tübingen; EROMS, Hans Werner / MUNSKE, Horst Haider (Hgg., 1997): *Die Rechtschreibreform. Pro und Kontra*. Berlin; GALLMANN, Peter/SITTA, Horst (1996): *Duden. Die Neuregelung der deutschen Rechtschreibung. Regeln, Kommentar und Verzeichnis wichtiger Neuschreibungen*. (Mannheim; ICKLER, Theodor (1997): *Die sogenannte Rechtschreibreform. Ein Schildbürgerstreich* St. Goar; KRIEGER, Hans (1998): *Der Rechtschreibschwindel. Zwischenrufe zu einem absurden Reformtheater*. St. Goar; KUNZE, Reiner (2004): *Die Aura der Wörter. Denkschrift zur Rechtschreibreform. Neuausgabe mit Zwischenbilanz*. Stuttgart; MUNSKE, Horst Haider (1997): *Orthographie als Sprachkultur*. Frankfurt a.M; ZEMB, Jean-Marie (1997): *Für eine sinnige Rechtschreibung. Eine Aufforderung zur Besinnung ohne Gesichtsverlust*. Tübingen; weitere Publikationen des Autors finden sich in MUNSKE, Horst Haider (2005): *Die angebliche Rechtschreibreform*. St. Goar sowie MUNSKE, Horst Haider (2015): *Ausgewählte sprachwissenschaftliche Schriften (1970–2015)*, hg. von LEE, Jinhee. 2 Bände. Erlangen, S. 235–356 (auch http://dnb.d-nb.de). Bis heute leistet aktiven Widerstand die Schweizer Orthographische Konferenz (SOK).

3 Später wurden Groß- und Kleinschreibung sowie Getrennt- und Zusammenschreibung weitere Schwerpunkte.

4 Das Ergebnis dieser Beratungen war die Schrift: *Deutsche Rechtschreibung. Regeln und Wörterverzeichnis. Vorlage für*

die amtliche Regelung (1995). Herausgegeben vom Internationalen Arbeitskreis für Orthographie. Tübingen.

5 Nach 15-jähriger Vorarbeit erschien ihr Handbuch: *Schrift und Schriftlichkeit. Writing and Its Use. Ein interdisziplinäres Handbuch internationaler Forschung. An Interdisciplinary Handbook of International Research* 1994, 1996. Zusammen mit/Together with BAURMANN, Jürgen et al. hrsg. von/ Edited by GÜNTHER, Hartmut/LUDWIG, Otto. 2 Bände/2 Volumes. Berlin, New York.

6 *Zur Neuregelung der deutschen Rechtschreibung. Der kommentierte Vorschlag der Kommission für Rechtschreibfragen des Instituts für deutsche Sprache, Mannheim, und die Stellungnahme der Gesellschaft für deutsche Sprache* (1989) Hg. von der Kommission für Rechtschreibfragen des Instituts für deutsche Sprache, Mannheim.

7 Ich war damals der einzige, der für die Beibehaltung der Substantivgroßschreibung eintrat.

8 Hier war eine einzige Mitarbeiterstelle für die Rechtschreibreform zuständig. Sie hatte in der Vorbereitungsphase Wolfgang MENTRUP inne, nach ihm Klaus HELLER, zuständig für die Einführung der neuen Schreibung und später Kerstin GÜTHERT als Sekretärin des neuen Rats für deutsche Rechtschreibung.

9 Andere Autoren, z.B. Peter Eisenberg, stellen den qualitativen Unterschied von ɛ und e:, ɔ und o:, ɪ und i: in den Vordergrund; im Bewusstsein der Sprachgemeinschaft gilt jedoch die Quantität als dominant.

10 Neuere Beschreibungen der Orthographie benutzen hier eine komprimierte Notation: <ie /i:/>, <ch/χ/> bzw. <sch /ʃ/>.

11 Näheres dazu in MUNSKE, Horst Haider (2005): *Lob der Rechtschreibung. Warum wir schreiben, wie wir schreiben.* München, S. 37ff. Dazu ausführlich: *Duden. Deutsche Orthographie* (2000). 3. neu bearb. Auflage unter Leitung von NERIUS, Dieter.

12 Eine erste ausführliche Beschreibung vieler dieser Phänomene lieferte ADELUNG, Johann Christoff (1782): *Grundsätze der deutschen Orthographie*. Leipzig.

13 Allerdings unterscheiden sich z.B. die Komma-Regeln fürs Englische, Deutsche und Französische deutlich voneinander.

Die deutsche Rechtschreibung übt sich hier in besonderer Gründlichkeit.

14 Vgl. hierzu: BERGMANN, Rolf und NERIUS, Dieter (Hgg. 1998), *Die Entwicklung der Großschreibung im Deutschen von 1500 bis 1700.* 2 Bände, Heidelberg.

15 GRIMM, Jacob und GRIMM, Wilhelm: *Deutsches Wörterbuch* (1854–1971). 33 Bände. Leipzig. Nachdruck (1984) Deutscher Taschenbuchverlag. München. Damit ist das größte deutsche Wörterbuch zum Denkmal eines vergeblichen Rechtschreibreformversuchs geworden.

16 Dazu ausführlicher: MUNSKE, Horst Haider (2005) *: Lob der Rechtschreibung. Warum wir schreiben, wie wir schreiben.* München,S. 73ff.

17 Dazu EISENBERG, Peter (2013): *Grundriss der deutschen Grammatik,* 4. Auflage, Stuttgart.

18 Ein Verzeichnis aller Korrekturen enthält WAHRIG (2006), *Deutsche Rechtschreibung*, hg. von der WAHRIG-Redaktion, Gütersloh/München, S. 107-118.

19 NÜBLING 2015, DEBUS 2012, KOSS 2002, BRENDLER/BRENDLER 2004. Nur im Handbuch *Namenforschung* (1995) findet sich eine ausdrückliche Erwähnung: „Daß Namensysteme offizielle und inoffizielle Formen enthalten, ist nicht nur im Bereich der PN zu beobachten So gibt es inoffizielle Orts-, Straßen-, Flur-, Tier-, ja sogar Pflanzennamen" (Kany 1995, 510). Allerdings wird nur den inoffiziellen Personennamen ein eigener Artikel gewidmet (S. 515ff.).

20 Ich danke vor allem Dr. Dieter George, Forchheim, für zahlreiche sachdienliche Hinweise.

21 Verzichtet wurde auf Toponyme, deren Objekte heute nicht mehr existieren. So nennt das Erlanger Stadtlexikon (2002), 384 und 464 die *Wanzenburg* (ehemalige Infanterie-Kaserne) und das *Hotel zum schmierigen Löffel* (ehemaliges Lazarett, später Armenhaus und Volksküche).

22 Für Erlangen dokumentiert dies erschöpfend Hans-Diether DÖRFLER, (2006): Die Straßennamen der Stadt Erlangen. Erlangen.

23 In den folgenden Referaten konzentriere ich mich auf die Themen der Artikel und verzichte ich darauf, jedesmal die Autoren und Autorinnen zu nennen. Aber zusammenfassend sei

festgestellt: die meisten Artikel haben zwei Verfasser. In den 47 Artikeln waren 20 weibliche und 36 männliche Autoren beteiligt. Keiner durfte mehr als zwei Artikel schreiben, eine sinnvolle Regel aller HSK-Bände.